황해도 지역 고구려 산성

황해도 지역 고구려 산성

기　획　고광의(동북아역사재단 연구위원)

2015년 8월　5일 초판 인쇄
2015년 8월 15일 초판 발행

엮은이　동북아역사재단
펴낸이　김학준
펴낸곳　동북아역사재단

등　록　제312-2004-050호(2004년 10월 18일)
주　소　서울시 서대문구 통일로 81 임광빌딩
전　화　02-2012-6065
팩　스　02-2012-6189
이메일　book@nahf.or.kr

ISBN 978-89-6187-365-9 93910

이 도서의 국립중앙도서관 출판예정도서목록(CIP)은 서지정보유통지원시스템 홈페이지(http://seoji.nl.go.kr)와
국가자료공동목록시스템(http://www.nl.go.kr/kolisnet)에서 이용하실 수 있습니다.(CIP제어번호: CIP2015021118)

책값은 뒤표지에 있습니다. 잘못된 책은 교환하여 드립니다.

차 례

일러두기

이 책은 중국 연변대학 박찬규·정경일 교수가 2012년에 북측 조선사회과학원 고고학연구소와 교류를 통해 촬영 및 수집한 사진과 자료를 바탕으로 재편집한 것이다.

[지도 · 도면 · 사진 목록]

地圖

圖面

寫眞

황해도 지역 고구려 산성의 분포와 특징

고구려인들은 훌륭한 문화재를 창조하였는데 오랜 전투경험에 기초하여 지형 조건에 맞추어 견고하게 쌓은 고구려의 성곽이 그 중 하나다. 고구려가 보여준 성곽 축조기술은 고대 동북아의 문화발전뿐 아니라 군사기술 발전에도 커다란 기여를 하였으며 독특하고 견고한 성곽은 외래 침략자에게 공포의 대상이었다.

황해도 지역의 고구려성들은 크게 종심 방어성, 지역 방위성, 해안 방어성으로 나누어 볼 수 있다.

종심 방어성 체계에 속하는 성으로는 평양–개성 방향, 평양–이천 방향, 사리원–해주 방향에 있는 성들이다. 평양성에서 남쪽으로 황주–사리원–봉산–서흥–평산–금천–개성 방향의 기본 도로 주변에는 황주 덕월산성, 봉산 휴류산성과 태봉산성, 서흥 대현산성, 평산 태백산성 등이 일정한 사이를 두고 분포하고 있다.

황주성은 평양에서 남쪽으로 100리 떨어진 곳에 있는 남쪽 방어위성이다. 『증보문헌비고』에는 치가 1,288개 있었다고 하며 『황주읍지』에는 사혈이 1,288개, 포혈이 3,051개 있었다고 한다. 『해서읍지』 황주군영조에는 5개의 못과 10개의 우물이 있었던 것으로 전한다. 황주는 고구려 때 동흘군이었고 통일신라 시기에는 취성군이었다.

휴류산성은 평양으로 통하는 기본 통로를 막아선 정방산줄기(자비령 산줄기)의 서남쪽에 축조된 관문성으로 태봉산성과 함께 은파, 봉산, 서흥 방면으로 들어오는 적을 막는 데 중요한 역할을 하였다.

서흥군 고성리에 있는 대현산성은 고구려 시기의 오곡성으로 평양–개성 사이 주요 도로와 함께 신계, 이천, 평강 방향의 통로들, 재령, 린산, 신원을 통해 서해로 통하는 통로들이 지나간 교통상 요지에 자리잡고 있는 대규모 성이다. 『동국여지승람』과 『서흥읍지』에는 성의 둘레가 각각 2,238척, 3,880보로 되어 있다.

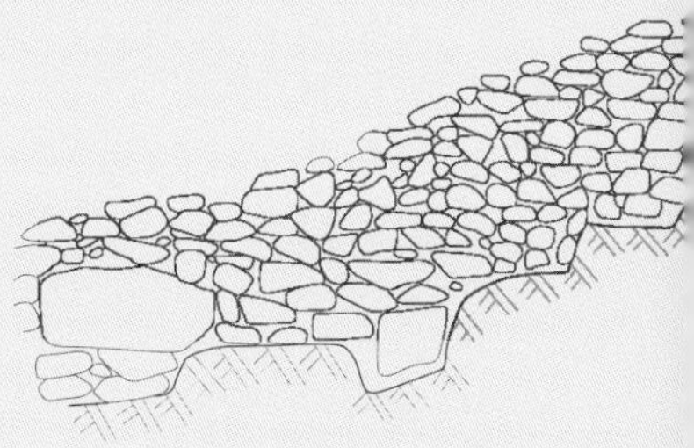

태백산성은 평산군 산성리의 예성강가에 축조되어 있다. 이 지역은 고구려 시기에 대곡군이었으며 기록에는 사혈이 1,031개, 포혈이 1,036개 있었다고 한다. 이 성은 개성으로 통하는 주요 도로와 서해안으로 통하는 도로들을 차단하고 있으며 예성강을 자연적인 해자로 하여 축조되어 방어력이 매우 강했다.

황해도 지역의 지역 방위성이면서 종심 방어성 체계에 속한 성으로는 평양 – 상원 – 연산 – 수안 – 곡산 방향으로 통한 기본 도로의 주변에 축조된 장새성, 방원진성, 무갈리성(두대동성), 문성진성, 달보산성을 들 수 있다. 장새성은 연산읍에서 동남쪽으로 약간 떨어진 성재산에 위치한 석성으로서 평양 – 원산 도로뿐만 아니라 강동 – 성천 방향 도로와 흘동 – 곡산 방향 도로, 수안 – 신계 방향 도로들을 모두 통제할 수 있다. 방원진성은 연산 – 수안 사이 기본 도로의 협곡지대에 쌓은 차단성이다. 무갈리성은 수안군 용현리에 위치하고 있으며 수안 – 곡산 방향의 도로를 장악하는 데 유리한 위치에 쌓은 성이다. 문성진성은 곡산군 청송리에 위치하고 있으며 곡산 – 신평 도로와 곡산천, 남강 상류를 차단하고 있는 매우 유리한 곳에 축조된 고구려의 성이다. 곡산군은 고구려 대곡군 십곡성현이었으며 문성진성은 일명 십곡성으로도 불리웠다. 달보산성(달해산성)은 신평군 생양리 달보산에 위치하고 있으며 문성진성과 함께 남강으로 흘러드는 두무천과 평양 – 원산 도로를 차단하는데 매우 유리한 위치에 쌓은 성이다.

황해도 일대 지역 방위의 중심성이면서 한때 고구려의 부수도였던 장수산성은 신원군 아양리에 있다. 이 성은 고구려 시기 한성이었으며 남평양성이었다. 산성의 앞에는 도마동토성이 있고 아양리의 넓은 벌에는 평지의 궁성이었던 아양리토성이 있다. 장수산성을 중심으로 한 황해도 남부의 해안 방어성들로는 태탄의 오누이성, 옹진의 옹천성, 강령 고읍성, 해주 수양산성, 연안읍성과 봉세산성, 배천의 치악산성 등이 있다. 황해도 지역 서부 일대에는 지역 방위성으로 구월산성이 있고 해안 및 강안 방어성들로 풍천성과 용연읍성, 금복리성이 있다.

위에서 본 종심 방어성 체계에 속하는 성들은 고구려의 평양천도 이전 시기인 4세기 경에 축조된 성들로서 처음에는 지역 방위성의 역할을 수행하다가 고구려의 남진정책이 본격화되고 고구려가 황해도 일대를 완전히 장악하게 되면서부터 수도 평양성을 보호하기 위한 종심 방어성들과 외곽 방어성으로의 역할을 하게 되었다. 특히 고구려의 남평양성이었던 장수산성은 평양－해주 방향, 평양－배천 방향, 평산－개성 방향의 주요 도로들을 장악하고 해안 방어성들을 전반적으로 지휘하는 위치에 있었으며 구월산성은 대동강 하류와 서해안 일대 안악, 재령, 신천, 삼천, 용연, 은률 등지의 도로와 넓은 벌들을 장악하고 있는 지리 지형상 유리한 위치에 축조된 견고한 성들이다.

황해도 지역 고구려성 방어 체계에서 중요한 것은 해안 방어 체계이다. 고구려는 해안 방어를 강화하는데 특별한 의의를 부여하고 전략적으로 중요한 요충지들에 많은 해안 방어성들을 쌓았으며 긴밀하게 연계하여 하나의 거대한 성 방어 체계를 완성하였다. 그리하여 과일군읍의 풍천성으로부터 용연군의 용연읍성, 태탄군 성남리에 있는 오누이성과 옹진군 본영리의 옹천성, 강령군 용연리의 고성 등이 해주 서쪽 황해도 서남해안에 일정한 거리를 두고 성 방어 체계를 형성하였으며, 고구려 시기 내미홀군이었던 해주 수양산성(지성산성)을 기점으로 그 동쪽에는 고구려 시기 고영성으로 불리웠던 연안읍성과 함께 그 북쪽 비봉산에 축조된 봉세산성 그리고 바다 가까이의 털미산성, 배천의 치악성(치양성) 등이 남쪽 해안성 방어 체계에 속해 있었다.

이 성들은 북쪽으로 신원, 린산, 은파, 재령을 통해 평양으로 통할 수 있고 좌우로 해주, 청단, 금천, 개성으로 통할 수 있는 지리 지형상 중요한 위치에 있으면서 장수산성의

위성으로서의 역할을 수행하였고 한편으로는 해안방어와 함께 고구려 수군의 해상활동을 보장하기 위한 작전 및 보급기지로, 예성강과 임진강을 건너 남쪽으로 진출하기 위한 남방 진출기지로서의 사명을 수행하였을 것으로 보인다.

고구려가 남방진출을 통해 황해도 지역을 완전히 차지한 것은 3세기 말~4세기 초였다. 이 시기부터 황해도 지역에 성들을 축조하기 시작한 고구려는 평양으로 수도를 옮긴 다음 남평양성인 장수산성을 비롯하여 이 일대의 성들을 축조 및 보축하고 지역적인 성 방어 체계와 해안성 방어 체계를 형성하였다. 그리하여 이 지역의 넓은 벌과 풍부한 철광석 자원을 통해 경제가 빠른 속도로 발전하게 되었으며 삼국통일을 위한 고구려의 남방진출에도 유리한 국면이 조성되었다.

고구려가 이 지역에 군현을 설치하고 성 방어시설 구축에 중요한 곳은 장수산 일대였다. 4세기 중엽에 축조된 장수산성은 고구려 남방진출의 거점이며 이 일대 정치·경제·군사적 중심지로, 고구려의 부수도가 되었다. 4세기 말에 고구려는 배천의 치양에서 백제를 몰아내고 치양성을 쌓았으며 서해안을 따라 수양산성과 봉세산성, 옹천성, 오누이성 등 국남 7성을 쌓아 해안성 방어 체계를 완성하였다. 황해도 지역에는 국동 6성에 속한 성들도 있었을 것이다.

황해도 지역에 수도 평양성을 보위하기 위한 외곽성 방어 체계와 남쪽에서 들어오는 적들을 막기 위한 종심 방어 체계 그리고 해안성 방어 체계까지 수립됨으로서 고구려의 삼국통일 전쟁은 더욱 성공적으로 추진될 수 있었으며 긍정적 역할을 하게 되었다.

1 장수산성

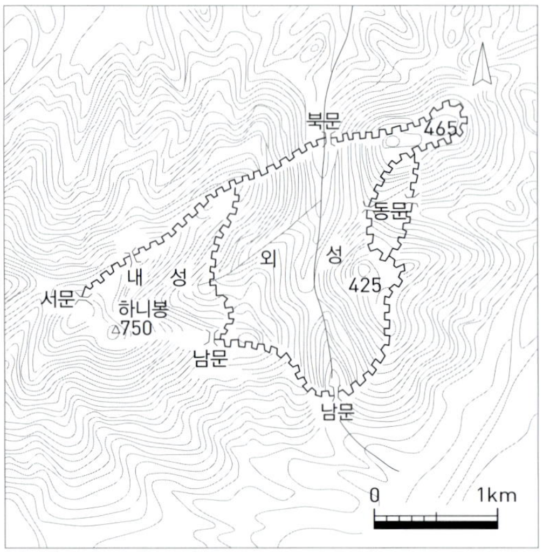

지도 1 장수산성

장수산성은 황해남도 신원군 아양리 소재지로부터 북쪽으로 약 1km 떨어진 황해금강이라고 불리는 장수산의 동쪽 끝에 자리잡고 있다. 그 둘레의 길이는 10.5km에 달하는데 성벽을 쌓은 구간은 5,390m이고 그 나머지 구간은 절벽을 그대로 이용하였다. 장수산은 한반도 서북지방의 남단인 황해남도 신원군과 재령군의 경계점에 높이 솟아 있는데 북쪽에는 정방산줄기, 동쪽으로는 멸악산줄기, 서쪽으로는 구월산줄기, 불타산줄기, 남쪽으로는 수양산줄기가 사방으로 막혀 있는 벌판 가운데 우뚝 솟아 있는 독립적인 산이다.

장수산성은 수륙교통이 편리한 곳에 위치하였다. 이곳에서 재령강 뱃길로 평양까지는 224리이다. 또한 북쪽으로는 봉산, 사리원, 황주를 거쳐 평양으로 통하는 큰 길이 있는데 해주, 연안, 배천, 개성을 거쳐 남쪽으로 통하고 서북쪽으로는 재령과 신천을 거쳐 안악지방을 통할 수 있다.[도면 1] 장수산성은 서로 긴밀히 연결된 외성과 내성의 두 기본성과 이 성들을 보강한 겹성으로 되어 있다.[지도 1] 즉, 장수산 하니봉 주위의 백운동 분지를 둘러싼 성과 그 동북쪽 아래의 삼치골, 우물골, 용소골 등 여러 골짜기를 둘러싼 성이 하나로 결합되어 기본 성을 이루고 이 기본 성의 남부와 동부에 겹성벽을 쌓았다. 또한 장수산성에는 철성과 차단성이 있다.[도면 2]

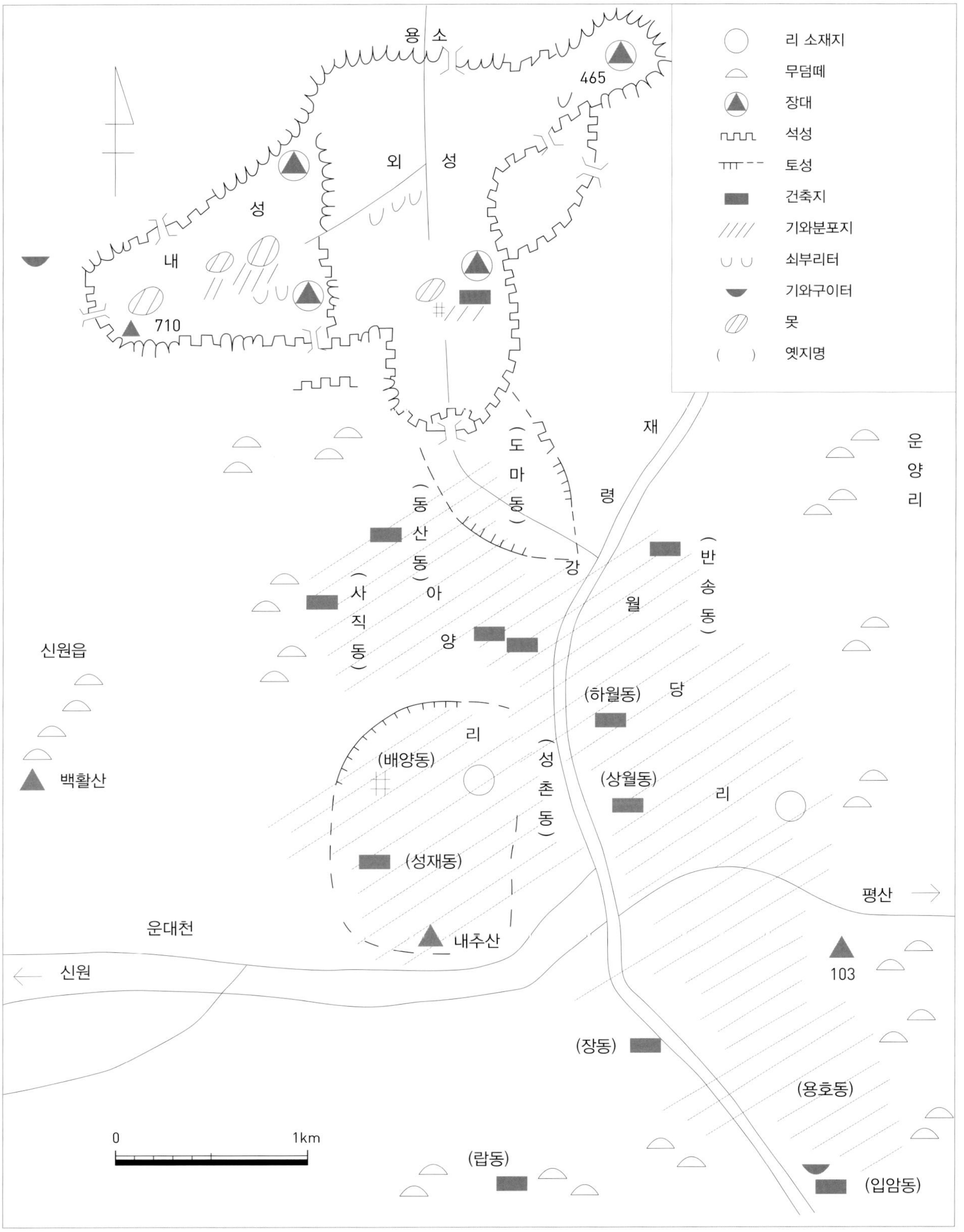

도면 1 장수산성 부근 고구려유적 분포도(「조선고고학총서」 28, 고구려의 성곽)

성벽은 대부분 자연절벽을 이용하면서 양면 축조방법과 외면 축조방법을 배합하여 쌓았다. 도면 3, 도면 4 장수산성의 성 시설물로는 성문, 옹성, 성가퀴, 치, 수구문, 파수터, 장대, 못, 우물 등을 들 수 있다. 성문으로는 내성에 남문, 서문, 북문, 외성에 남문, 동문, 북문 등 모두 6개의 성문이 있다. 그 중 외성 남문은 장수산성의 정문으로 장수산 동남부 평지와 직접 잇닿아 있다. 내성 남문은 내성과 외성이 접하고 있는 내성 남벽의 동쪽에 위치하고 있는데 'ㄱ'자형 통로를 낸 것이 특이하다. 도면 5, 도면 6

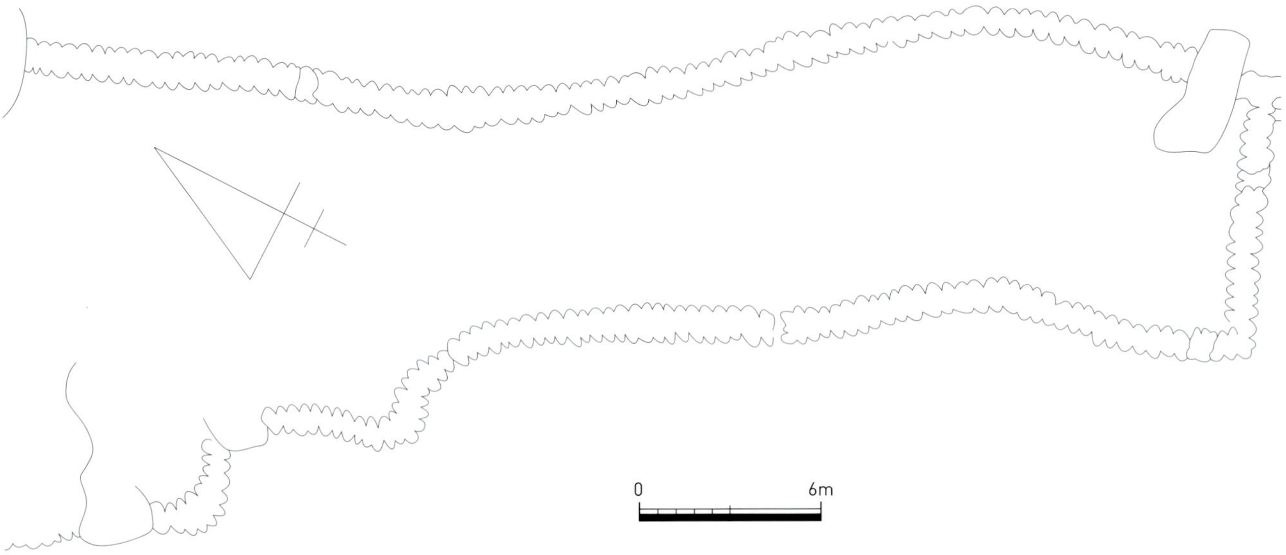

도면 2 장수산성 내성 남문 부근 철성 실측도(「조선고고학총서」 28, 고구려의 성곽)

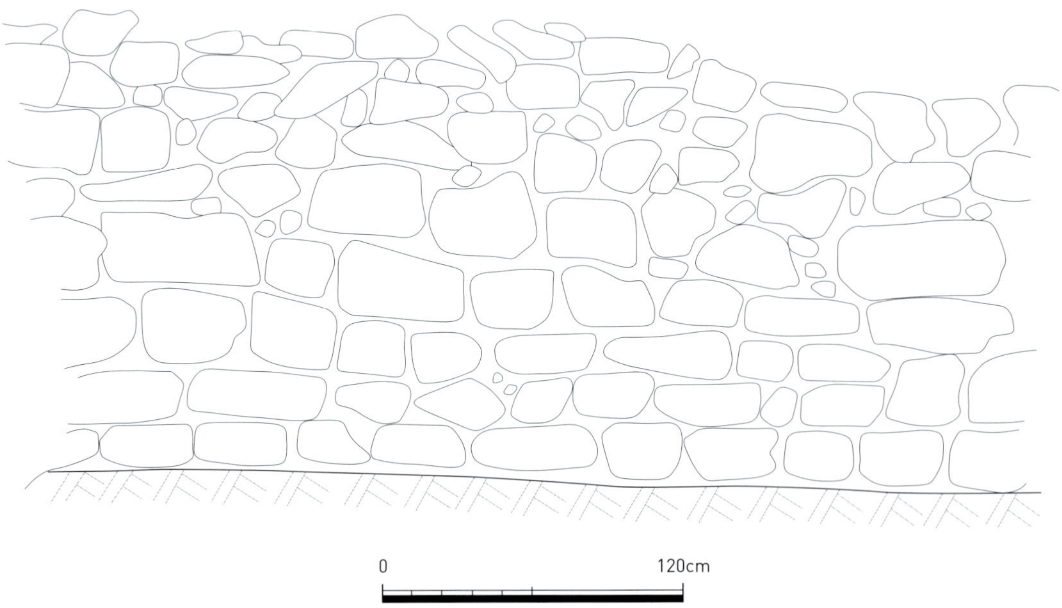

도면 3 장수산성 외성 동벽 실측도(「조선고고학총서」 28, 고구려의 성곽)

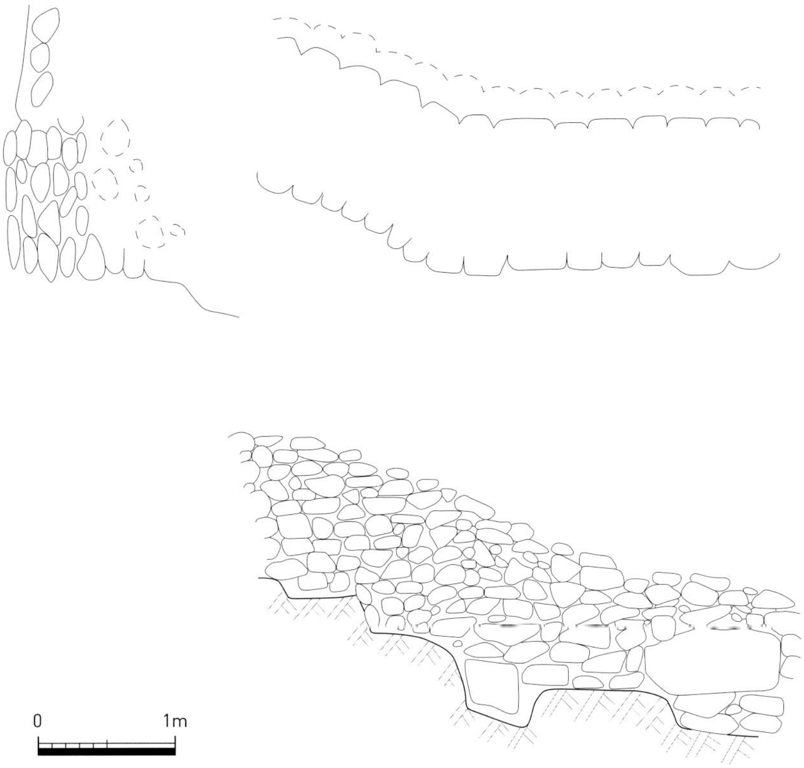

도면 4 장수산성 외성 남문 동쪽 성벽 실측도(「조선고고학총서」 28, 고구려의 성곽)

도면 5 장수산성 외성 남문 실측도(「조선고고학총서」 28, 고구려의 성곽)

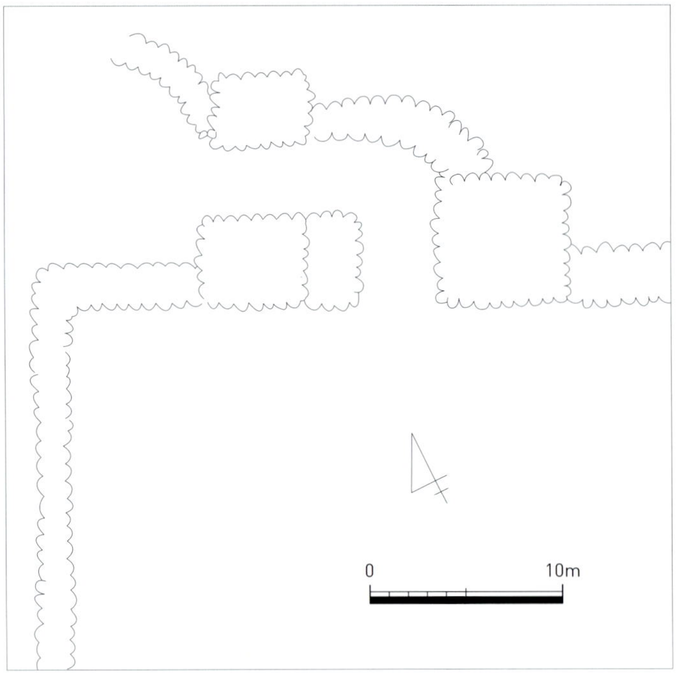

도면 6 장수산성 내성 남문 실측도(「조선고고학총서」 28, 고구려의 성곽)

장수산성의 성문에는 반원형 옹성과 'ㄱ'형의 옹성이 있다. 외성 남문 옹성은 문 안쪽으로 반원형으로 쌓아졌다. 옹성의 길이는 200m다. 내성 남문의 옹성은 'ㄱ'으로 되어 있어 성 안으로 들어가려면 'ㄱ'자형 통로를 통해 돌아가게 되어 있다. 통로 옆의 성벽은 옹성벽 역할을 하게 되어 있다.

옛 기록에는 장수산성에 치와 여장(성가퀴)이 내성에 427개, 외성에 553개 있었다고 하는데[1] 지금은 남아 있는 것이 거의 없다. 현재 남아 있는 성가퀴는 내성 남문 부근의 외성벽에서 볼 수 있는데 성벽의 윗부분에 8~10단 더 높이 만들었다. 남아 있는 성가퀴의 높이는 0.5m, 너비 22~26m, 두께 1m이다. 두께는 성벽의 윗면과 같은데 위로 올라가면서 점차 좁아진다. 성가퀴 사이의 거리는 0.5~0.6m다. 성가퀴는 '凸'형의 평가퀴이다.도면 7

장수산성에는 여러 곳에 수구문과 물빼기 시설이 있었겠으나 현재 남아 있는 것은 내성 남문 아래 골짜기를 가로막은 겹성벽에 낸 수구문이다.도면 8 성벽 곁에 성벽과 성 안팎을 감시하는 데 이용된 보초소(망대) 시설이 있다. 성벽 곁에 마련된 보초소는 여러 곳에 있었겠으나 지금은 외성 남문에서 동북쪽으로 약 800m 떨어진 외성 동벽 곁에 있는 것만 남아 있다. 보초소의 크기는 직경 1.5m, 남은 높이 0.5~0.6m, 벽의 두께 0.6~0.7m이다. 바닥에는 돌을 전면에 깔았는데 밖의 지면보다 0.15~0.2m 더 깊다. 출입구는 서쪽에 나 있다. 또한 외성 남장대, 동장대,

1 『증보문헌비고』, 권28, 여지고, 관방성곽 황해도

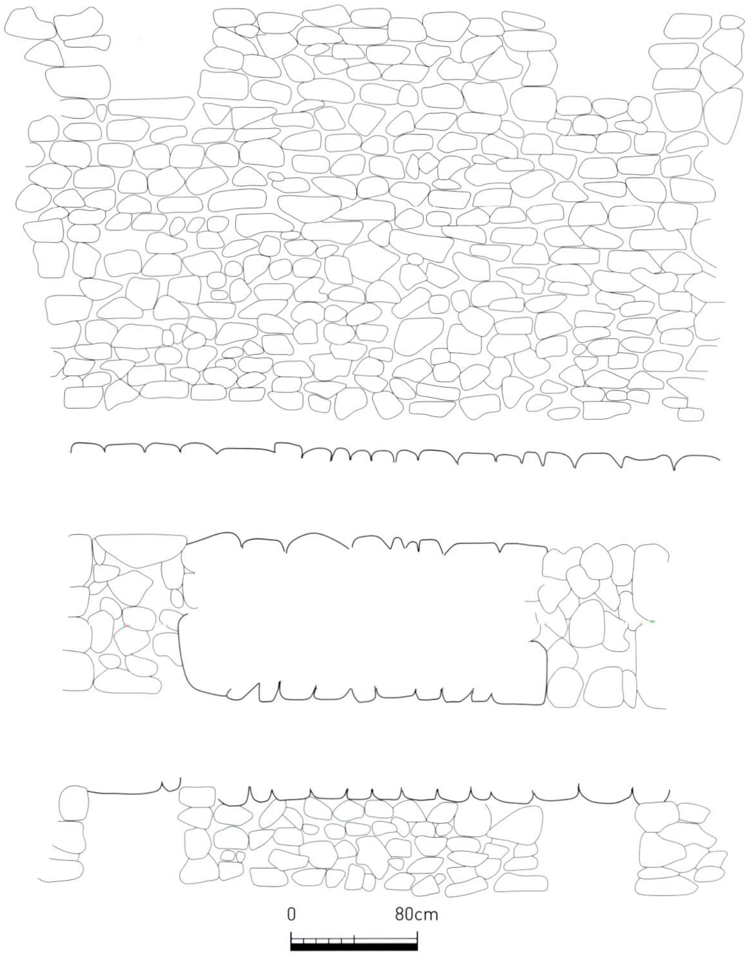

도면 7 장수산성 외성 남벽 성가퀴 실측도(「조선고고학총서」 28, 고구려의 성곽)

북장대, 내성 남장대, 서장대, 북장대 등 모두 6개의 장대가 있는데 모두 성벽 부근의 높은 고지에 설치되어 있다.

『증보문헌비고』에는 성 안에 우물이 19개, 못이 3개 있었다고 하는데 현지 조사과정에 확인된 못은 외성에 4개, 내성에 5개, 우물은 내성과 외성에 각각 3개가 있었다. 그 중 발굴된 외성 안 삼치골 1호 건물터 남쪽에 위치한 우물에서는 격자무늬를 돋친 붉은기와 조각이 여러 개 출토되었다.도면 13

장수산성 안의 유적으로는 건물터와 쇠부리터가 있다. 건물터는 내성과 외성 안에 모두 80여 채가 분포되어 있다. 외성 안에는 삼치골과 우물골, 용소골과 동문 부근에 건물터가 있으며 내성 남문의 서쪽에도 두 개의 건물터가 있다.도면 9 장수산성 안에서는 외성의 용소골과 동문터 부근, 내성 남문 부근에서 모두 6개의 쇠부리터가 조사·발굴되었다.도면 10, 도면 11

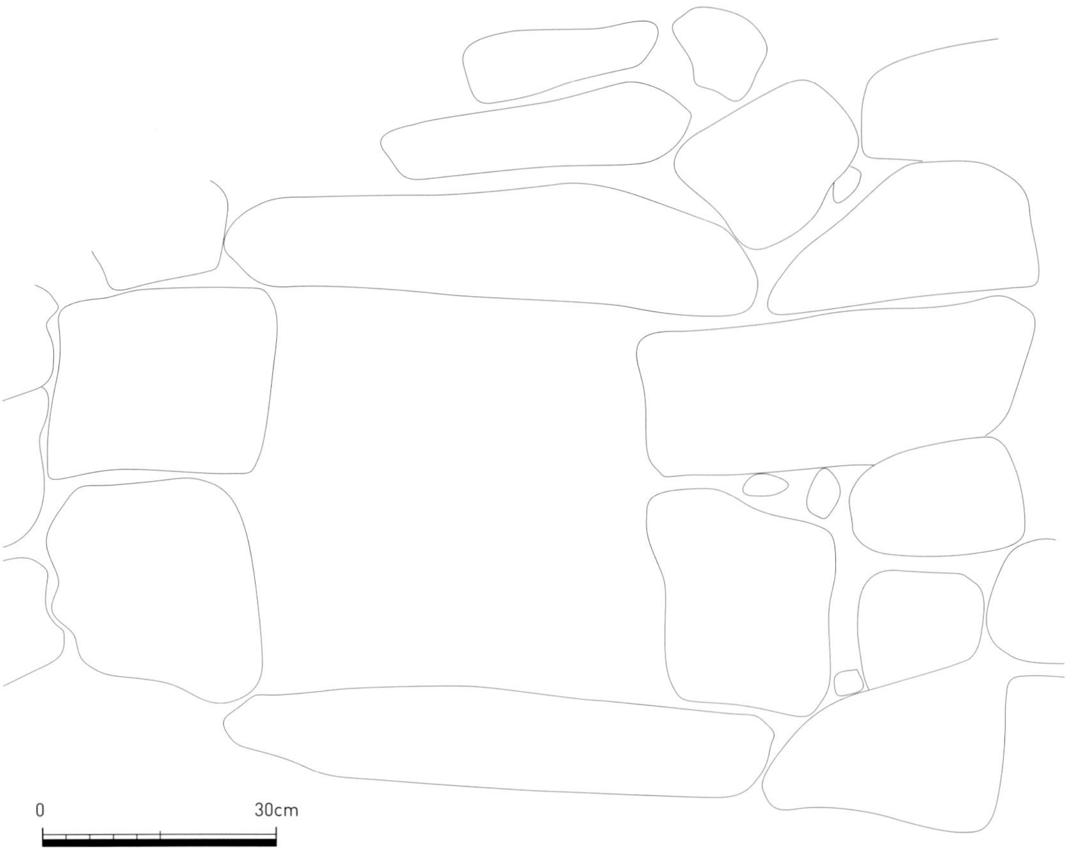

도면 8 장수산성 내성 남쪽 겹성벽 수구문 실측도(「조선고고학총서」 28, 고구려의 성곽)

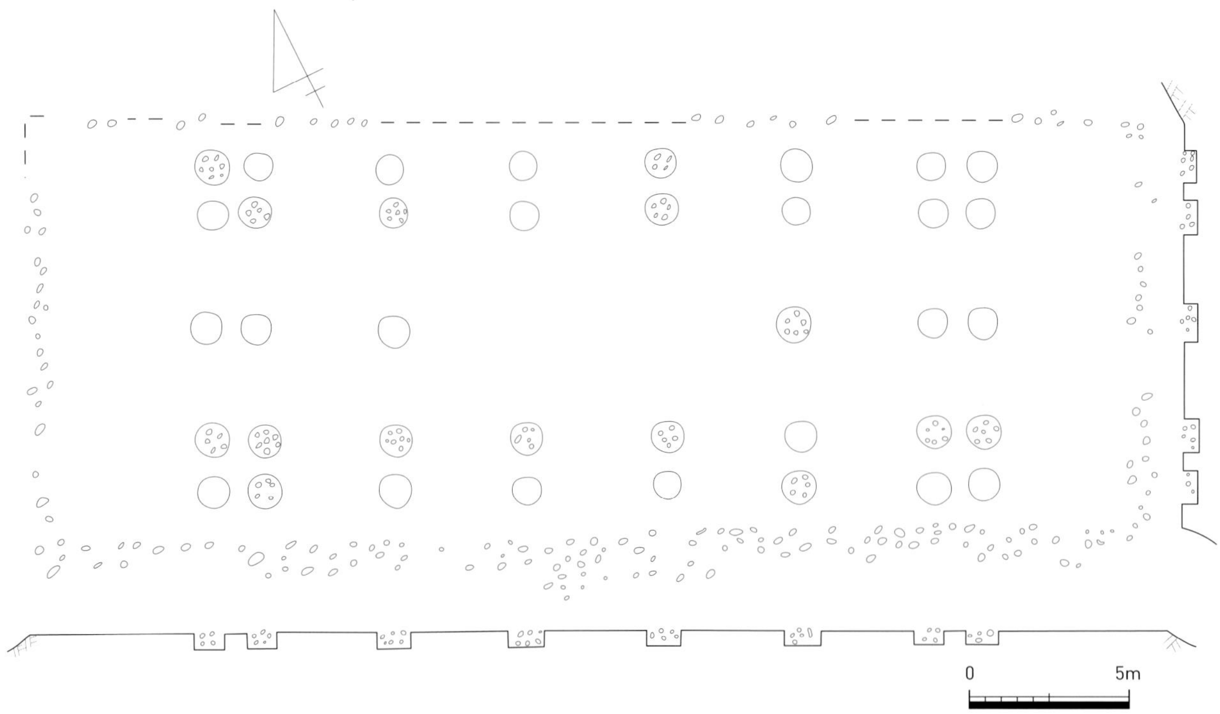

도면 9 장수산성 1호 건물터 실측도(「조선고고학총서」 28, 고구려의 성곽)

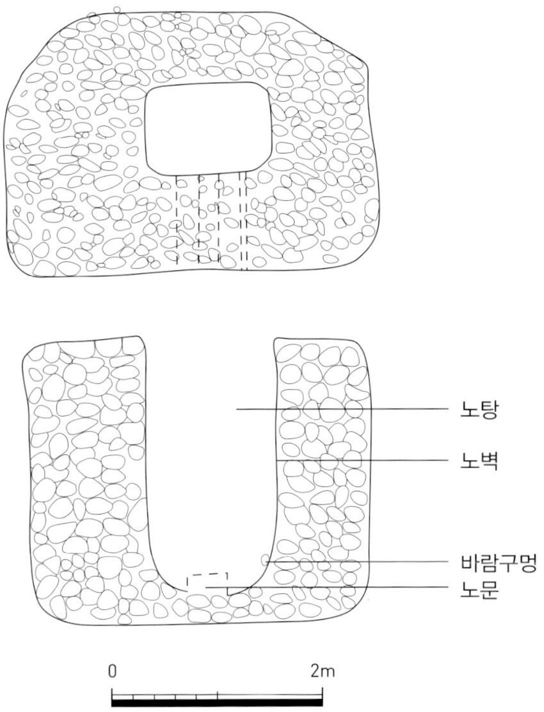

도면 10 장수산성 외성 1호 쇠부리터 실측도(「조선고고학총서」 28, 고구려의 성곽)

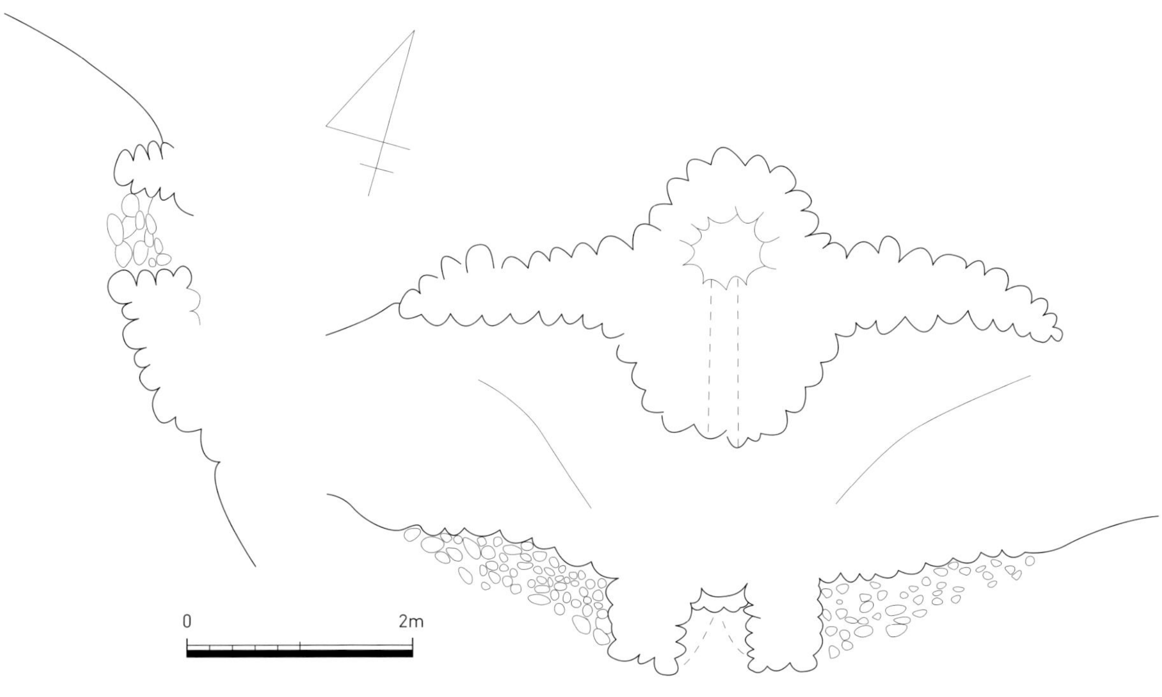

도면 11 장수산성 외성 2호 쇠부리터 실측도(「조선고고학총서」 28, 고구려의 성곽)

성 안에서 드러난 유물로는 기와와 벽돌이 있다. 기와는 성 안의 건물터와 문터를 비롯한 성의 시설에서 드러났으며, 벽돌은 외성 1호 건물터와 내성 남문 부근의 쇠부리터 등 성 안의 여러 곳에서 나왔다. 도면 12 고구려 시기부터 19세기 말까지 계속 사용된 장수산성은 곡창지대인 재령벌과 신원벌을 끼고 있으며 그 규모가 큰 점 등으로 미루어보아 고구려 시기에 매우 중요한 역할을 한 성 가운데 하나였을 것이다.[2]

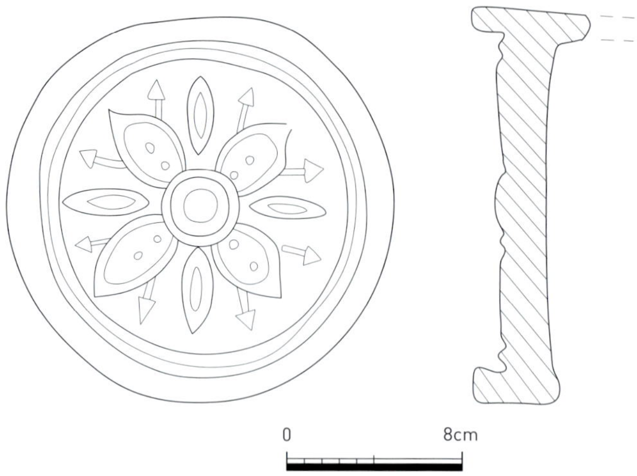

도면 12 장수산성에서 나온 붉은색 수막새 실측도(「조선고고학총서」 28, 고구려의 성곽)

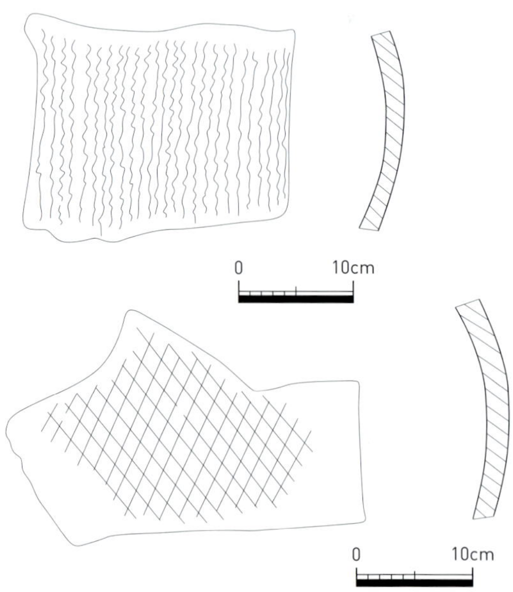

도면 13 장수산성에서 나온 암기와무늬 실측도(「조선고고학총서」 28, 고구려의 성곽)

2 사회과학원 고고학연구소(2009), 『조선고고학총서』 28(중세편, 고구려의 성곽), 사회과학원 ; 조선유적유물도감편찬위원회(1990), 『조선유적유물도감』 3, 외국문종합출판사 ; 최승택(1991), 「장수산성 1호 건물 터에 대하여」, 『조선고고연구』 4 ; 최승택(2002), 「장수산성 안의 쇠부리 터에 대하여」, 『조선고고연구』 4 ; 최승택(2009), 「장수산일대의 남평양 도시유적에서 새로 고구려시기의 유적유물 발굴」, 『조선고고연구』 4.

사진 1-1 장수산성 전경(남 → 북)

사진 1-2 장수산성 내성 남벽 서쪽 부분

사진 1-3 장수산성 외성 남문 전경(남→북)

사진 1-4 장수산성 외성 남문 서쪽 부분(남→북)

사진 1-5 장수산성 외성 남문 동쪽 부분(남→북)

사진 1-6 장수산성 외성 남문 서쪽 부분(동→서)

사진 1-7 장수산성 외성 남벽 동쪽 부분 성 축조 상태

사진 1-8 장수산성 외성 남벽 동쪽 부분(동→서)

사진 1-9 장수산성 외성 남벽 동쪽 부분 전경(서→동)

사진 1-10 장수산성 외성 남벽 동쪽 부분 성벽 축조 상태1(바깥 면)

사진 1-11 장수산성 외성 남벽 동쪽 부분 성벽 축조 상태2(바깥 면)

사진 1-12 장수산성 외성 남벽 동쪽 부분 성벽 축조 상태3(바깥 면)

사진 1-13 장수산성 외성 남벽 동쪽 부분 성벽 축조 상태4(세부)

사진 1-14 장수산성 외성 남벽 동쪽 부분 성벽 축조 상태5(세부)

사진 1-15 장수산성 외성 남벽 동쪽 모서리 부분

사진 1-16 장수산성 외성 동벽 남쪽 모서리 부분

사진 1-17 장수산성 외성 동벽 남쪽 모서리 부분 성벽 축조 상태(바깥 면)

사진 1-18 장수산성 외성 동벽 남쪽 모서리 성벽 윗부분

사진 1-19 장수산성 외성 동벽 남쪽 부분 성벽 축조 상태1(바깥 면)

사진 1-20 장수산성 외성 동벽 남쪽 부분 성벽 축조 상태2(바깥 면)

사진 1-21 장수산성 외성 동벽 남쪽 부분 성벽 축조 상태3(바깥 면)

사진 1-22 장수산성 외성 동벽 중간 부분 성벽 축조 상태1(바깥 면)

사진 1-23 장수산성 외성 동벽 중간 부분 성벽 축조 상태2(바깥 면)

사진 1-24 장수산성 외성 동벽 중간 부분 성벽 축조 상태3(바깥 면, 세부)

사진 1-25 장수산성 외성 동벽 중간 부분 성벽 축조 상태4(바깥 면, 세부)

사진 1-26 장수산성 외성 동벽 중간 부분 성벽 기초

사진 1-27 장수산성 외성 동벽 중간 부분 자연 바위를 그대로 이용한 상태

사진 1-28 장수산성 외성 동벽 중간 부분 자연 바위를 그대로 이용한 성벽

사진 1-29 장수산성 외성 동벽 겹성 축조 상태1(바깥 면)

사진 1-30 장수산성 외성 동벽 겹성 축조 상태2(바깥 면)

사진 1-31 장수산성 외성 동벽 겹성 축조 상태 3(바깥 면, 세부)

사진 1-32 장수산성 외성 동벽 겹성 북쪽 부분

사진 1-33 장수산성 외성 동벽 겹성 남쪽 부분

사진 1-34 장수산성 외성 북문 전경(바깥 면)

사진 1-35 장수산성 외성 북문 동쪽 부분(바깥 면)

사진 1-36 장수산성 외성 북문 서쪽 부분(바깥 면)

사진 1-37 장수산성 외성 북문 전경(안쪽 면)

사진 1-38 장수산성 외성 북문 동쪽 부분(안쪽 면)

사진 1-39 장수산성 외성 북문 서쪽 부분(안쪽 면)

사진 1-40 장수산성 외성 남벽 서쪽 부분 성벽 축조 상태1(바깥 면)

사진 1-41 장수산성 외성 남벽 서쪽 부분 성벽 축조 상태2(바깥 면, 세부)

사진 1-42 장수산성 외성 남벽 동쪽 부분 원경

사진 1-43 장수산성 내성 남벽 겹성벽 동쪽 부분

사진 1-44 장수산성 내성 남벽 겹성벽 서쪽 부분

사진 1-45 장수산성 내성 남문(북→남)

사진 1-46 장수산성 내성 남문 동쪽 부분 성벽 축조 상태(바깥 면)

사진 1-47 장수산성 내성 남문 동벽 문시설

사진 1-48 장수산성 내성 동벽 남쪽 부분 성벽 축조 상태

사진 1-49 장수산성 내성 동벽 남쪽 부분 성벽 축조 상태(세부)

사진 1-50 장수산성 내성 동벽 중간 부분 성벽 축조 상태

사진 1-51 장수산성 내성 동벽 중간 부분 성벽 기초 상태

사진 1-52 장수산성 내성 동벽 중간 부분 성벽과 이어지는 절벽

사진 1-53 장수산성 내성 동벽 북쪽 부분 성벽 1(자연절벽)

사진 1-54 장수산성 내성 동벽 북쪽 부분 성벽 2(자연절벽)

2 구월산성

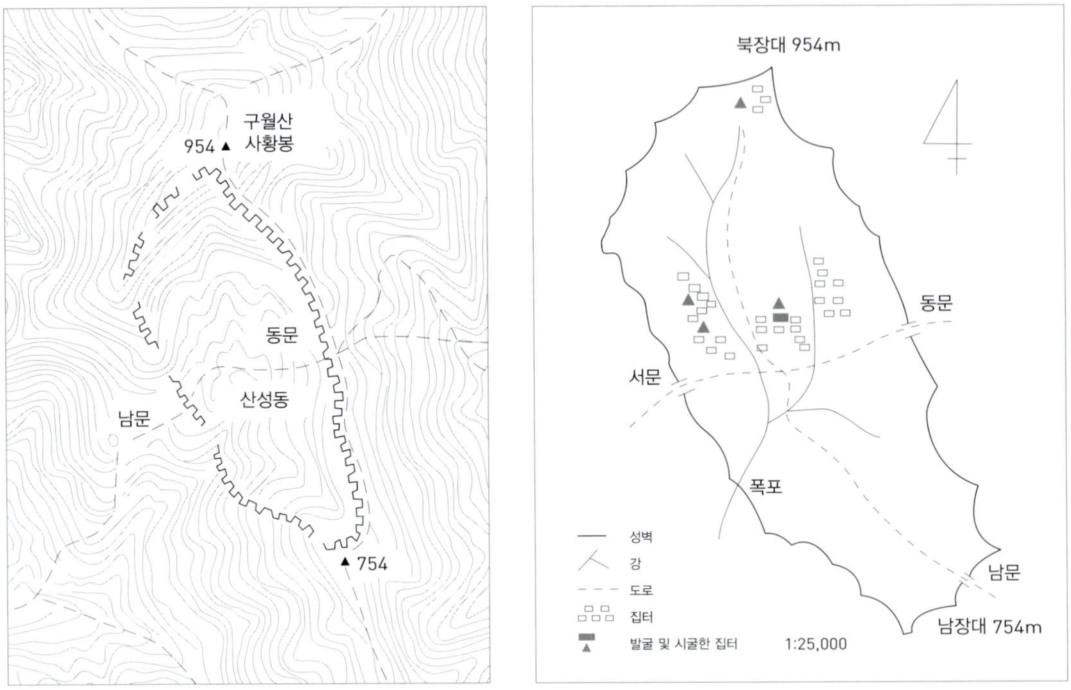

지도 2 구월산성

구월산성은 황해남도의 은천군, 은률군, 안악군, 삼천군의 접경지대에 뻗은 구월산 줄기에 축조되었다. 산성 둘레의 길이는 약 5,230m이다. 그 중 동쪽 성벽은 약 1,780m, 서쪽 성벽은 약 1,500m, 북쪽 성벽은 약 1,100m, 남쪽 성벽은 약 850m이다. 성의 남북 길이는 약 2,000m이며 동서 너비는 약 800m 정도다. 지도 2

구월산의 주봉인 사왕봉(954m)은 황해남도 일대에서 가장 높은 산이다. 이 산에 오르면 멀리 동쪽으로 재령벌, 서쪽으로 서해, 북쪽으로 대동강이 보인다. 그리고 남쪽으로는 구월산 줄기의 연봉들이 한눈에 안겨온다. 구월산은 험하고 웅장하면서도 경치 또한 아름다워 그 이름도 여러 가지로 불렸는데 『신증동국여지승람』에서는 아사달산, 궁홀, 증산, 삼포라고 하였다.

구월산성은 사왕봉을 중심으로 그 좌우의 산릉선과 봉우리들을 연결하여 쌓은 고로봉식 산성이다. 성벽을 쌓은 방법은 양면 쌓기를 기본으로 하였으나 부분적으로는 외면 쌓기 방법도 적용하였다. 성돌은 구월산에 흔한 화강암을 4각 추모양으로 가공하여 사용하였는데 크기는 대체로 30×20×50cm~60×40×80cm 정도다.

구월산성의 성문은 동, 서, 남쪽 세 곳에 있다. 서문터는 서쪽 성벽 중간에 있는데 이 곳은 은률로 통한다. 문의 너비는 2.4m, 길이는 7.2m, 현재 높이 약 2m 정도로서 지금 있는 문들 가운데서 제일 크다. 동문터는 동쪽 성벽에서 제일 낮은 중간 부분에 있는데 이 곳으로는 안악으로 통할 수 있다. 문은 허물어졌는데 너비는 1.3m, 길이 7.5m 정도다. 옛 기록에서 남북에는 통로가 없다고 하였는데 남문이 있는 것을 보면 이 문은 암문으로 이용된 것으로 보인다. 암문터는 남쪽 성벽의 제일 높은 봉우리(754m)에서 동쪽으로 약 200m 정도 내려온 골짜기에 있다. 이 곳으로는 안악, 삼천, 신천으로 통할 수 있다. 문의 너비 2.2m, 길이 6.5m 정도인데 허물어졌다. 동, 서, 남문터에서는 여러 가지 종류의 기와들이 보이는데 문루나 주변에 집을 지었던 것으로 볼 수 있다.

서쪽 성벽과 남쪽 성벽이 만나는 산릉선에는 치가 있다. 치의 너비는 2.5m, 길이 19m로서 다른 성들과 크기나 형태에서는 별로 차이가 없다. 성가퀴는 지금 그 일부가 남아 있다. 『증보문헌비고』에 의하면 성에 치첩이 2,200개 있다고 하였다.[3] 즉 이 성의 평균 2.4m 사이에 사혈이 한 개씩 있는 것이다. 더구나 절벽과 바위 부분에는 사혈을 설치하지 않았으므로 그것을 제외하면 더 조밀하게 배치된 것이다. 구월산성의 장대자리는 성의 지형으로 보아 북쪽 성벽의 사왕봉과 남쪽 성벽의 봉우리, 성의 중간 언덕 등 여러 곳에 있었다고 보인다. 성 안에는 많은 집터들이 있다. 집터는 사왕봉 밑의 골짜기, 동문과 서문 부근, 남북으로 길게 뻗은 동쪽과 서쪽 골짜기 그리고 성의 중심에 있는 언덕 등에 분포되어 있다.도면 14

구월산성에서 드러난 유물의 대부분은 기와와 도자기들이고 그밖에 활촉, 쇠못, 벼루 등이 있다.도면 15

구월산성에는 수원이 풍부하다. 성 안의 골짜기에서는 어느 곳을 파 보아도 물이 나오며 특히 사왕봉 밑의 집터 부근에 있는 우물은 사철 마르지 않아 지금도 음료수로 이용되고 있다. 『세종실록』 「지리지」에는 성에 우물 4개, 시냇물 2개가 있다고 하였다.[4]

3 『증보문헌비고』 권28, 여지고 16, 황해도문화 구월산성.
4 사회과학원 고고학연구소(2009), 『조선고고학총서』 28(중세편, 고구려의 성곽); 남일룡(1989), 「구월산성과 그 주변의 유적」, 『조선고고연구』 2.

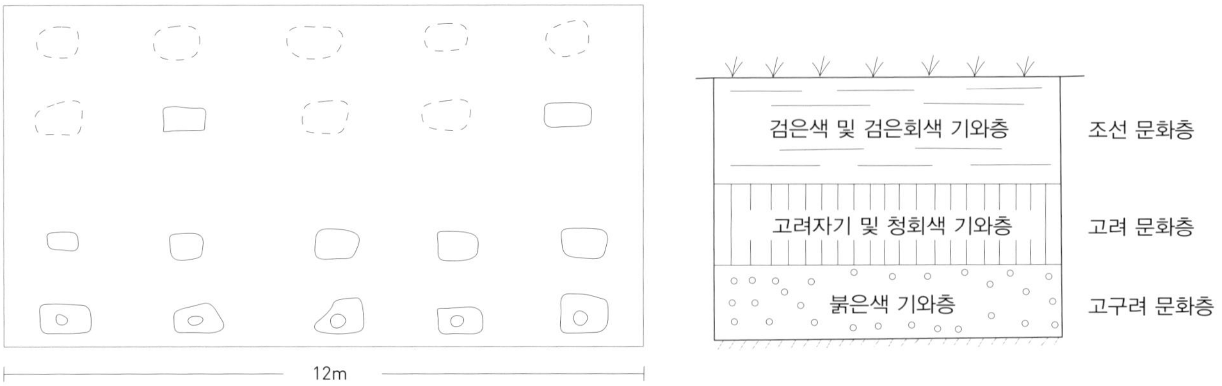

도면 14 구월산성의 집터 평면도 및 지층 단면도(『조선고고학총서』 28, 고구려의 성곽)

도면 15 구월산성의 집터에서 나온 붉은색 기와조각 탁본(『조선고고학총서』 28, 고구려의 성곽)

사진 2-1 구월산성 전경(서북 → 동남)

사진 2-2 구월산성 표식비

사진 2-3 구월산성 서문(안→밖)

사진 2-4 구월산성 서문(밖→안)

사진 2-5 구월산성 서문 바깥 면 축조 상태

사진 2-6 구월산성 서벽 중간 부분 축조 상태1

사진 2-7 구월산성 서벽 중간 부분 축조 상태2

사진 2-8 구월산성 서벽 중간 부분 윗성벽 축조 상태

사진 2-9 구월산성 서벽 중간 부분의 수구문 축조 상태

사진 2-10 구월산성 서벽 북쪽 부분 축조 상태

사진 2-11 구월산성 서벽 북쪽 부분 바위벽 위의 축조 상태

사진 2-12 구월산성 서벽 북쪽 부분의 윗성벽 축조 상태

사진 2-13 구월산성 서벽 북쪽 부분 사혈구, 성가퀴 축조 상태

사진 2-14 구월산성 북벽 서쪽 부분 축조 상태1

사진 2-15 구월산성 북벽 서쪽 부분 축조 상태2

사진 2-16 구월산성 북벽 서쪽 부분 축조 상태(세부)

사진 2-17 구월산성 북벽 서쪽 부분 바위벽 위의 축조 상태

사진 2-18 구월산성 서벽 남쪽 부분 축조 상태1

사진 2-19 구월산성 서벽 남쪽 부분 축조 상태2

사진 2-20 구월산성 서벽 남쪽 부분 축조 상태3

사진 2-21 구월산성 서벽 남쪽 부분 축조 상태4

사진 2-22 구월산성 서벽 남쪽 부분 축조 상태5

사진 2-23 구월산성 서벽 남쪽 부분 축조 상태6

사진 2-24 구월산성 서벽 남쪽 부분 축조 상태7

사진 2-25 구월산성 서벽 남쪽 부분 축조 상태(세부)

사진 2-26 구월산성 서벽 남쪽 부분의 윗성벽 축조 상태

사진 2-27 구월산성 남벽 서쪽 부분 축조 상태1

사진 2-28 구월산성 남벽 서쪽 부분 축조 상태2

사진 2-29 구월산성 남벽 서쪽 부분 축조 상태 3

사진 2-30 구월산성 남벽 서쪽 부분 축조 상태 4

사진 2-31 구월산성 남벽 서쪽 부분 축조 상태5

사진 2-32 구월산성 남벽 서쪽 부분 축조 상태6

사진 2-33 구월산성 남벽 서쪽 부분 축조 상태(안쪽 면)

사진 2-34 구월산성 남벽 서쪽 부분의 윗성벽 축조 상태1

사진 2-35 구월산성 남벽 서쪽 부분의 윗성벽 축조 상태2

사진 2-36 구월산성 남벽 서쪽 부분의 윗성벽 축조 상태3

사진 2-37 구월산성 남벽 서쪽 부분의 성가퀴 축조 상태

사진 2-38 구월산성 남문터

사진 2-39 구월산성 남문(남→북)

사진 2-40 구월산성 남문 동벽 축조 상태

사진 2-41 구월산성 남벽 중간 부분 축조 상태

사진 2-42 구월산성 남벽 중간 부분 축조 상태(세부)

사진 2-43 구월산성 남벽 동쪽 부분 축조 상태

사진 2-44 구월산성 남벽 동쪽 부분 축조 상태(세부)

사진 2-45 구월산성 동벽 북쪽 부분 축조 상태1

사진 2-46 구월산성 동벽 북쪽 부분 축조 상태2

사진 2-47 구월산성 동벽 북쪽 부분 축조 상태3

사진 2-48 구월산성 동벽 북쪽 부분 축조 상태4

사진 2-49 구월산성 동벽 북쪽 부분 축조 상태5

사진 2-50 구월산성 동벽 북쪽 부분 축조 상태6

사진 2-51 구월산성 동벽 북쪽 부분 축조 상태1(세부)

사진 2-52 구월산성 동벽 북쪽 부분 축조 상태2(세부)

사진 2-53 구월산성 동벽 북쪽 부분 축조 상태3(세부)

사진 2-54 구월산성 동벽 북쪽 부분의 윗성벽 축조 상태1

사진 2-55 구월산성 동벽 북쪽 부분의 윗성벽 축조 상태2

사진 2-56 구월산성 동벽 중간 부분 축조 상태1

사진 2-57 구월산성 동벽 중간 부분 축조 상태2

사진 2-58 구월산성 동벽 중간 부분 축조 상태3

사진 2-59 구월산성 동벽 중간 부분 축조 상태4

사진 2-60 구월산성 동벽 중간 부분 축조 상태5

사진 2-61 구월산성 동벽 중간 부분 축조 상태6

사진 2-62 구월산성 동벽 중간 부분 축조 상태7

사진 2-63 구월산성 동벽 중간 부분 축조 상태1(세부)

사진 2-64 구월산성 동벽 중간 부분 축조 상태2(세부)

사진 2-65 구월산성 동벽 중간 부분 윗성벽 축조 상태1

사진 2-66 구월산성 동벽 중간 부분 윗성벽 축조 상태2

사진 2-67 구월산성 동문(안쪽 면)

사진 2-68 구월산성 동문(바깥 면)

사진 2-69 구월산성 동문 동남 모서리 축조 상태

사진 2-70 구월산성 동문 남벽 축조 상태

사진 2-71 구월산성 동벽 서쪽 부분 축조 상태1

사진 2-72 구월산성 동벽 서쪽 부분 축조 상태2

사진 2-73 구월산성 동벽 서쪽 부분 축조 상태 3

사진 2-74 구월산성 동벽 서쪽 부분 축조 상태 4

사진 2-75 구월산성 동벽 서쪽 부분 축조 상태5

사진 2-76 구월산성 동벽 서쪽 부분 축조 상태6

사진 2-77 구월산성 동벽 서쪽 부분 축조 상태7

사진 2-78 구월산성 동벽 서쪽 부분 축조 상태8

3

봉세산성(연안산성)

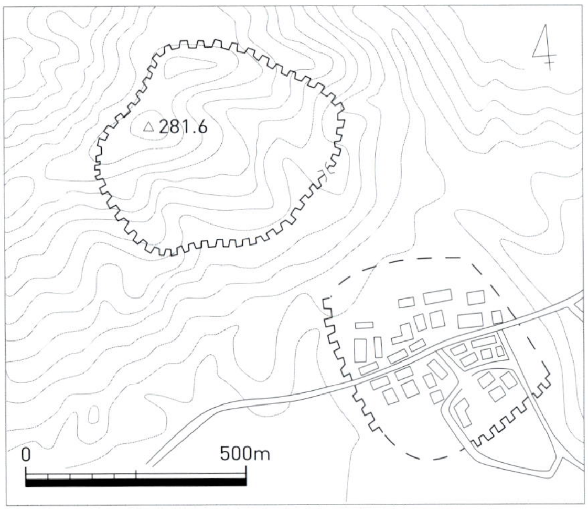

지도 3 봉세산성(연안산성)

봉세산성은 황해남도 연안군 연안읍의 북쪽에 솟아 있는 봉세산(비봉산)에 자리잡고 있다. 봉세산은 이 산의 정점인 281.6m 고지를 주봉으로 하여 그 주위에 있는 여러 개의 산봉우리와 능선들로 이루어졌다. 산성은 주봉에서 남쪽으로 뻗어내린 능선을 사이에 두고 동서로 나 있는 2개의 골짜기를 안에 넣고 빙 둘려 막혀 있는 산봉우리와 능선을 따라 쌓아진 고로봉식 산성이다. 산성 둘레의 길이는 2,260m이다. 지도 3

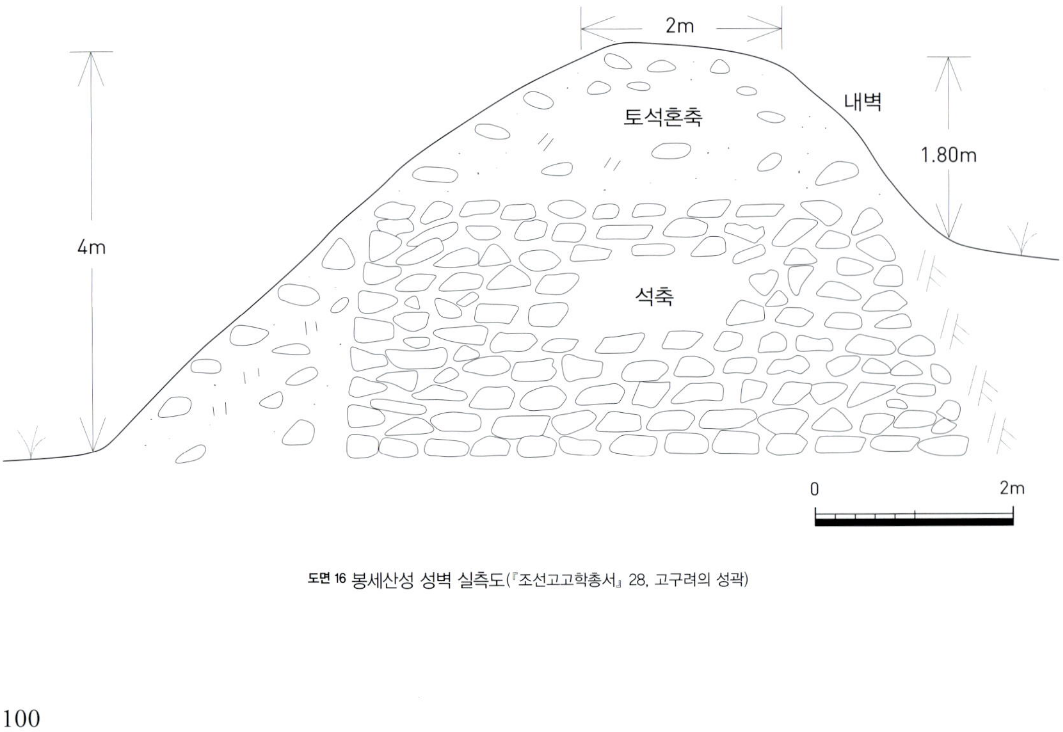

도면 16 봉세산성 성벽 실측도(『조선고고학총서』 28, 고구려의 성곽)

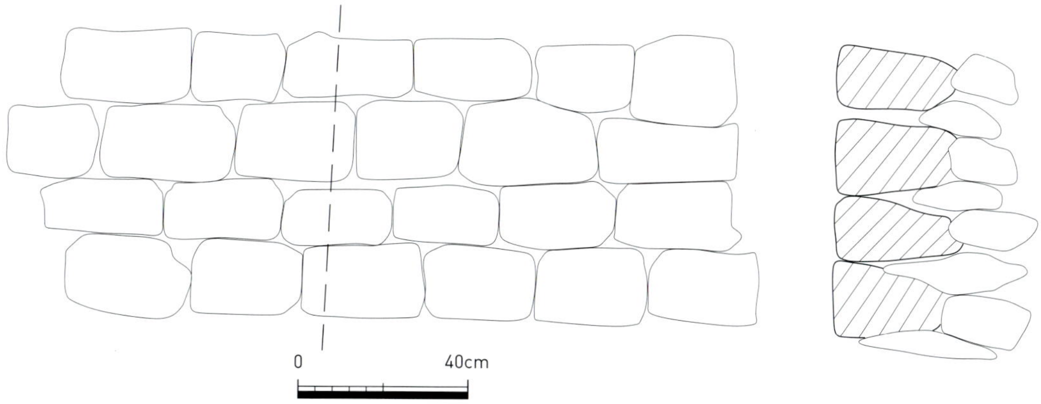

도면 17 봉세산성 성벽 석축부분 실측도(『조선고고학총서』 28, 고구려의 성곽)

봉세산성 성벽은 외면 쌓기와 양면 쌓기 방법을 결합하여 축조하였다. 성벽 축조에 쓰인 돌은 현지에 흔한 규암질의 다듬은 돌과 진흙, 막돌이다. 성돌의 크기는 조금씩 차이가 있으나 형태는 방추형이며 다듬은 수법은 대체로 비슷하다. 크기는 큰 것이 너비 30cm, 두께 25~30cm, 길이 50cm이며, 작은 것은 너비 30cm, 두께 20cm, 길이 30cm이다. 도면 16, 도면 17

성문은 동남문, 서남문, 북문, 동문 등 모두 4개인데 교통 조건과 방어 조건이 유사한 곳에 설치되었다. 현재는 모두 허물어져 본래의 구조 형식과 규모를 자세히 알 수 없다.

치는 남벽과 서벽, 동벽에 각각 2개, 북벽에 1개 모두 7개가 확인되었는데 성벽이 꺾이는 모퉁이와 직선으로 된 곳에 설치되었다. 치의 규모는 대체로 너비 3m, 길이 6m이다. 동벽에 있는 치는 길이와 너비가 각각 1.5m 되게 성벽을 밖으로 쌓아 만들었다.

성가퀴는 성벽 윗부분이 많이 흘러내려 정확한 구조를 알 수 없으나 성벽 윗부분에서 많은 기와조각들이 드러난 것으로 보아 평가퀴에 기와를 씌웠던 것으로 보인다.

도면 18 봉세산성에서 나온 붉은색 기와무늬 탁본(『조선고고학총서』 28, 고구려의 성곽)

장대터는 모두 4개소다. 장대터로 이용된 봉우리들은 산성의 북쪽 봉우리, 동남쪽 봉우리, 남쪽 봉우리다. 그 중 북쪽 봉우리의 장대터는 이 성에서 전망이 가장 좋은 곳이다. 이 장대터 주변에서는 여러 종류의 기와조각들이 드러났다.

집터는 성 안의 두 골짜기와 문터 부근에서 모두 11개가 드러났다. 집터가 많이 집중되어 있는 곳은 동쪽 골짜기로 대부분 남향으로 길게 놓였다.

성 안에는 우물과 못이 있다. 우물은 성 안의 동쪽 골짜기 중턱에 2개, 서쪽 골짜기 안에 1개 있다. 못은 성 안 동남문터 부근에 있다. 못은 원형인데 직경 약 10m, 길이 1.5m이다. 이 못은 동쪽 골짜기에서 흘러내리는 물을 저장하게 되어 있다.

성에서 드러난 유물은 기와인데 기와는 붉은색, 회색, 흑회색이다. 붉은색 기와는 한쪽에는 베천무늬가 있고 다른 한쪽 면에는 노끈무늬, 그물무늬가 있다.[5] 도면 18

5 사회과학원 고고학연구소(2009), 『조선고고학총서』 28(중세편, 고구려의 성곽) ; 최승택(1994), 「봉세산성에 대하여」, 『조선고고연구』 4.

사진 3-1 봉세산성 표식비

사진 3-2 봉세산성 동벽 남쪽 부분

사진 3-3 봉세산성 동벽 남쪽 부분 성돌 출토 상태

사진 3-4 봉세산성 동벽 중간 부분

사진 3-5 봉세산성 동벽 중간 부분 성돌 출토 상태

사진 3-6 봉세산성 동벽 중간 부분 기초석 출토 상태

사진 3-7 봉세산성 동북 모서리 부분

사진 3-8 봉세산성 북벽 동쪽 부분

사진 3-9 봉세산성 북벽 중간 부분

사진 3-10 봉세산성 북문터(남→북)

사진 3-11 봉세산성 북벽 서쪽 부분

사진 3-12 봉세산성 서벽 북쪽 부분 성벽 축조 상태

사진 3-13 봉세산성 서벽 남쪽 부분

사진 3-14 봉세산성 남벽 서쪽 부분

4

연안읍성

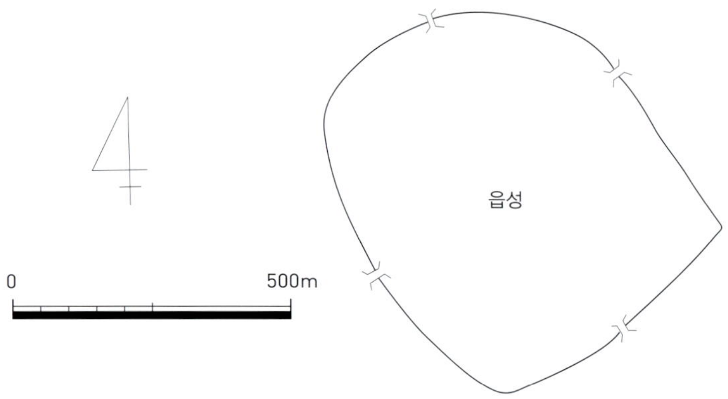

지도 4 연안읍성

연안읍성은 황해남도 연안군 연안읍을 둘러싼 고구려의 평지성이다. 이 읍성은 고구려 때 고영성이라고 불렀다. 지금의 성은 1555년에 고쳐쌓은 것이다.

연안은 예로부터 서해 기슭의 여러 고을 가운데서 가장 이름 있는 곳 중 하나였다. 고구려 시기에는 동음홀이라고 부르던 주요 지점이다. 이 읍성의 서북쪽 가까이에는 봉세산성이 있다. 연안읍성은 앞에 낮은 남산을 끼고 그 뒤는 봉세산의 기슭을 둘러막았다. 앞에는 무연한 연안, 배천, 청단벌을, 뒤에는 평천 일대의 기름진 땅을 끼고 있다. 성 둘레의 길이가 2km이며 성벽은 다듬은 성돌로 면을 맞추어 치밀하게 쌓아올렸다. 성벽의 높이는 성가퀴까지 합하여 약 6m이다. 지도 4

지금은 성벽 위의 성가퀴 시설이 잘 남아 있지 않으나 기록에 의하면 당시 성벽 위에는 성가퀴가 693개 있었으며 거기에는 총과 화살을 쏘는 구멍들이 나 있었다고 한다. 동, 서, 남, 북 네 곳에는 문터가 남아 있다. 남문은 진남문, 동문은 진동문(후에는 희태문), 서문은 진서문(후에는 경범문), 북문은 공진문이라고 불렀다. 성문 모두 무지개문길을 내고 위에는 문루가 있었다. 성벽 바깥으로는 해자를 넓게 파고 봉세산에서 흘러내리는 물을 채웠다.[6]

6 사회과학원 고고학연구소(2009), 『조선고고학총서』 28(중세편, 고구려의 성곽) ; 문화보존연구소(1983), 『우리 나라 역사유적』, 과학백과사전출판사.

사진 4-1 연안읍성 표식비

사진 4-2 연안읍성 해설문

사진 4-3 연안읍성 서벽 성벽 축조 상태

사진 4-4 연안읍성 성터1

사진 4-5 연안읍성 성터 2

사진 4-6 연안읍성 성터 3

사진 4-7 연성대첩비 해설문

사진 4-8 연성대첩비

사진 4-9 연안읍성 성벽 윗부분

사진 4-10 연안읍성 장대터

5

오누이성

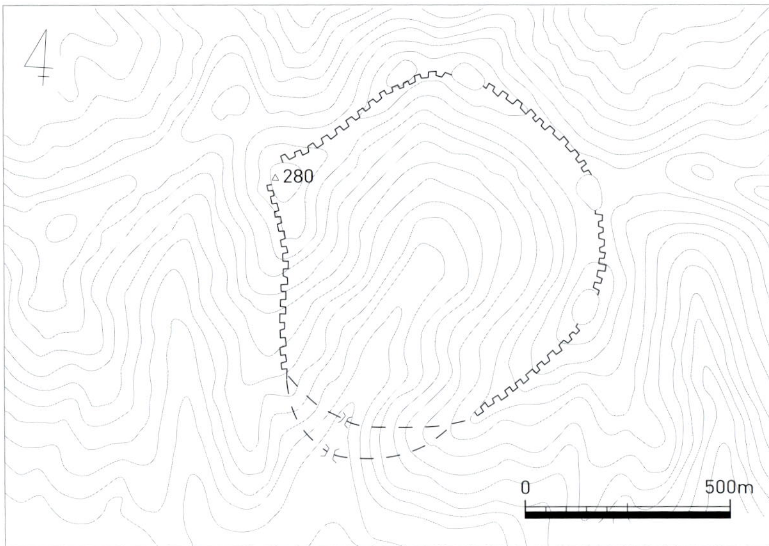

지도 5 오누이성

오누이성은 황해남도 태탄군 성남리에 있다. 성은 능선과 봉우리를 따라 쌓은 전형적인 고로봉형 지형에 축조된 산성으로서 둘레의 길이는 약 3.5km이다. 지도 5

성벽은 외면 쌓기한 곳도 있고 양면 쌓기한 곳도 있다. 양면은 가공한 돌로 쌓고 가운데는 막돌을 넣었다. 성의 흔적은 뚜렷하나 현재 다 허물어지고 제일 높은 곳은 2.9m 되는 곳도 있으나 대체로 1.5~2m이다.

성문은 네 곳으로 알려졌으며 두 곳의 장대터도 발견되었다. 성의 장대에 오르면 바다와 태탄벌이 한눈에 보이며 용연 – 해주와 북쪽으로 신천, 재령, 사리원으로 통하는 교통이 편리한 곳에 위치하고 있다.

성 안에는 수원이 풍부하다. 성의 정문으로부터 약 500m 올라가면 못터 흔적이 확인된다.[7]

7 사회과학원 고고학연구소(2009), 『조선고고학총서』 28(중세편, 고구려의 성곽) ; 최창빈(1990), 「4세기말~5세기초 고구려의 국남7성과 국동6성에 대하여」, 『력사과학』3.

사진 5-1 오누이성 표식비

사진 5-2 오누이성 해설문

사진 5-3 오누이성 남문터

사진 5-4 오누이성 남벽 서쪽 부분 축조 상태

사진 5-5 오누이성 남벽 동쪽 부분 축조 상태

사진 5-6 오누이성 동벽 남쪽 부분 축조 상태

사진 5-7 오누이성 동벽 중간 부분

사진 5-8 오누이성 북벽 동쪽 부분

사진 5-9 오누이성 북벽 동쪽 부분 축조 상태

사진 5-10 오누이성 북벽 중간 부분

사진 5-11 오누이성 북벽 중간 부분 축조 상태

사진 5-12 오누이성 북벽 서쪽 부분

사진 5-13 오누이성 북벽 서쪽 부분 축조 상태

사진 5-14 오누이성 서벽 남쪽 부분 축조 상태

사진 5-15 오누이성 서벽 중간 부분

사진 5-16 오누이성 서벽 북쪽 부분 축조 상태

사진 5-17 오누이성 성벽 위의 기둥구멍 1

사진 5-18 오누이성 성벽 위의 기둥구멍 2

사진 5-19 오누이성 성벽 위의 기둥구멍 3

사진 5-20 오누이성 성벽 위의 기둥구멍 4

사진 5-21 오누이성 성벽 위의 기둥구멍 5

6

옹천성

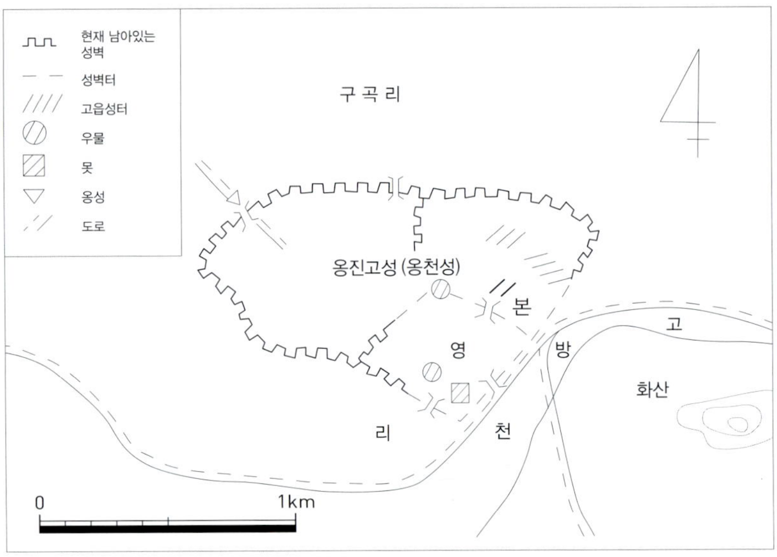

지도 6 옹천성

옹진고성으로도 불리우는 옹천성은 황해남도 옹진군 옹진읍에서 약 10km 떨어진 본영리에 있다. 성의 둘레는 4,305m이다. 성의 동서 길이는 약 1.7km, 남북 너비는 약 1km이다. 성은 하나의 큰 골짜기를 이루고 있는데 내성 안은 약간 경사지대이고 외성 안은 비교적 평탄한 지대로 되어 있다. 성은 멸악산 줄기의 한 가지인 불타산 줄기의 남쪽 끝에 있는 광대산의 여러 봉우리와 그 사이에 있는 비교적 넓은 골짜기를 포괄하고 있으며 서남쪽의 일부에는 평지에까지 성벽이 뻗어 있다. 성은 평지성과 산성이 결합된 평산성 형식으로 되어 있는데 중간에 성벽이 있어 내성과 외성으로 구분되어 있다. 지도 6

성벽은 북·서·남쪽은 지금의 본영리 소재지(고읍성안)를 중심으로 하여 동북쪽의 노적봉(110m), 서남쪽의 산봉우리(120m)와 학교 뒤의 봉우리(66m) 등을 잇는 능선 위를 따라 쌓았으며 동쪽은 노적봉의 능선을 따라 쌓았다. 성벽은 진흙과 막돌로 쌓은 곳도 있고 다듬은 돌로 쌓은 곳도 있다.

성돌은 화강석을 4각추형으로 가공한 것이다. 성돌의 규격은 각기 다른데 대체로 맨 밑에 쌓은 성돌들은 장방형이다. 큰 성돌은 길이 130cm, 너비 120cm, 높이 90cm이다. 작은 성돌들은 거의 4각추형이며, 그 가운데서 비교적 큰 것은 너비 35cm, 높이 26cm, 길이 42cm 정도다.

성문터는 리소재지에서 성 안을 통하여 구곡리로 가는 소로길과 수척동에서 옹진 – 태탄 사이 도로에 연결되는 소로길에 각각 1개씩 남아 있으며 읍성에 남문터, 동문터, 서문터 등이 있다.

성 안에는 수원이 풍부하다. 지금도 성 안의 가운데로 작은 개울이 흐르고 있다. 『동국여지승람』(권43, 황해도 옹진현)에 의하면 외성 부분에 있는 고읍성에 우물이 9개, 읍성에 우물이 3개 있었다. 현지 조사에 의하면 현재 고읍성터 부근에 우물이 4개, 읍성터의 남문 부근에 우물이 1개, 못이 1개 있다.

장대는 성의 서북쪽의 제일 높은 봉우리(140m)와 학교 뒷산봉우리, 금산봉우리 세 곳에 있었다.

성 안에는 내성 부근에 큰 집터를 비롯하여 여러 곳에 여러 개의 건물터들이 있다.

성 안에서 드러난 유물은 기와, 벽돌, 문확돌 등이다. 기와는 붉은색, 회색의 암기와 조각과 수막새다. 벽돌은 검은 회색인데 겉면에는 아무런 무늬도 없다. 크기는 20×22×6cm이다. 문확돌은 성의 동쪽벽 부근에서 알려졌는데 크기는 30×41×22cm 정도다.[8]

8 사회과학원 고고학연구소(2009), 『조선고고학총서』 28(중세편, 고구려의 성곽) ; 최창빈(1986), 「옹진고성(고구려의 옹천성)에 대하여」, 『력사과학』2.

사진 6-1 옹천성(본영읍성) 표식비

사진 6-2 옹천성(본영읍성) 남벽 서쪽 부분 성벽

사진 6-3 옹천성(본영읍성) 남벽 서쪽 부분 성벽 축조 상태

사진 6-4 옹천성(본영읍성) 서남 모서리 부분

사진 6-5 옹천성(본영읍성) 서남 모서리 성벽 축조 상태

사진 6-6 옹천성(본영읍성) 남벽 서쪽 끝부분 성벽 축조 상태

사진 6-7 옹천성(본영읍성) 남벽 서쪽 부분 성벽 축조 상태

사진 6-8 옹천성(본영읍성) 서벽 남쪽 부분 성벽 축조 상태

사진 6-9 옹천성(본영읍성) 서벽 북쪽 부분 성벽 축조 상태

사진 6-10 옹천성(본영읍성) 북벽 성벽 축조 상태

사진 6-11 옹천성(본영읍성) 북벽 안성벽 축조 상태

사진 6-12 옹천성(본영읍성) 북문터

사진 6-13 옹천성(본영읍성) 북문터 문확돌

사진 6-14 옹천성(본영토성) 표식비

사진 6-15 옹천성(본영토성) 내성 동쪽 성벽

사진 6-16 옹천성(본영읍성) 내성 북벽 동쪽 부분 성벽

사진 6-17 옹천성(본영토성) 내성 북벽 중간 부분 성벽

사진 6-18 옹천성(본영토성) 내성 서벽 서문터와 옹성

사진 6-19 옹천성(본영토성) 내성 서벽 서문터 옹성

사진 6-20 옹천성(본영토성) 내성 서벽 서문터(서→동)

사진 6-21 옹천성(본영토성) 내성 서벽 북쪽 부분 성벽

사진 6-22 옹천성(본영토성) 내성 서벽 중간 부분 성벽

사진 6-23 옹천성(본영토성) 내성 남벽 중간 부분

사진 6-24 옹천성(본영토성) 내성 남벽 서쪽 부분

7

태백산성

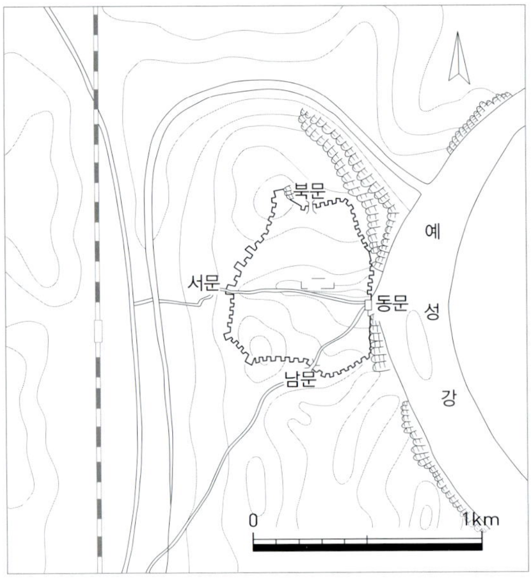

지도 7 태백산성

성황산성으로도 불리우는 태백산성은 황해북도 평산군 산성리의 산성역에서 동쪽으로 조금 떨어져 있는 예성강가의 태백산에 있다. 성은 예성강을 끼고 솟은 태백산의 험한 산세를 이용하여 쌓았으며 예성강을 자연 해자로 이용하였다. 이곳은 평양과 개성 사이의 좁은 골짜기를 이루고 있는 곳으로서 이 통로를 차단하는 데 매우 유리한 위치에 있다. 뿐만 아니라 이 지대는 예성강을 넘어다니는 교통의 요충지다. 지도 7

성벽은 남북으로 태백산의 영마루를 따라 굽이굽이 돌아 동쪽 예성강 기슭으로 뻗었다. 태백산성은 고로봉식 산성이며 그 둘레는 2,425m였으며 높이는 7m, 성벽 윗부분의 너비는 3.5m이다. 안벽의 높이는 약 1m 정도인데 그 밑으로부터 내탁이 쌓여 있다. 성벽은 30단 안팎으로 돌을 쌓아올렸는데 밑으로부터 4개의 단은 계단식으로 쌓았다. 여기에서도 밑부분은 큰 돌을 사용하였으며 계단식으로 쌓은 4개의 단을 제외하고 그 위에 수직으로 올라간 26개의 단은 고르고 가지런한 돌로 정교하게 쌓아올렸다. 성돌을 고정시키기 위하여 뒤쪽으로는 수많은 돌들을 다져 넣었으며 돌과 돌 사이에 진흙을 다져넣기도 하였다. 성가퀴는 이미 없어져서 흔적을 찾아볼 수 없지만 『평산군지』의 기록에 사혈이 1,031개, 포혈이 1,036개 있다고 한 것으로 보면 대체로 2,060여 개의 성가퀴가 있었던 것을 알 수 있다.

이 산성에는 치가 잘 남아 있다. 치는 5개밖에 되지 않으나 모두 적합한 위치에 있으며 치가 없는 부분의 성벽은 치를 설치하지 않아도 되는 지형을 통과하고 있다. 치의 크기는 5개가 거의 같은데 성벽에서 4.55m 너비로, 밖으로 4.55m 나오게 하였기 때문에 치의 평면은 정방형이다.

성문은 동, 서, 남, 북에 모두 4개가 있다. 서문과 동문에는 문루가 있고 북문과 남문은 무지개문길만 있다. 동문은 바로 예성강가에 있다. 동문 가까이 북쪽에는 수구문이 있다. 수구문의 높이는 1.9m이고 세 칸으로 구분되었는데 매 칸의 너비는 0.67~1m이다. 이 사이로 사람들이 자유로이 드나들 수 있으나 옛날에는 이 사이에 철책(쇠살창)이 있었다.

장대는 성의 북, 동, 남쪽에 각각 하나씩 있다. 그 중 북장대가 가장 잘 남아 있어 당시 장대 건축의 모습을 엿볼 수 있다. 북장대는 서문에서 북쪽으로 세 번째 되는 치 위에 있다. 이 장대는 3층으로 된 돌계단 위에 있다. 북장대터의 면적은 $5m^2$이다. 도면 19

성 안에서는 여러 개의 우물과 두 개의 못터가 알려졌다. 서문과 북장대 사이에 있는 못은 크기가 $6m^2$인 정방형이고 못 주위는 돌로 쌓았다. 이 밖에 성 안에는 창고, 절, 사당 같은 건축터가 있었다. 성 안의 건축터에서는 겉에는 격자무늬가 있고 안에는 베천자리가 찍힌 고구려 시기의 붉은기와 조각들이 드러났다. 태백산성은 고구려산성의 일반적 특징을 잘 보여준다.[9]

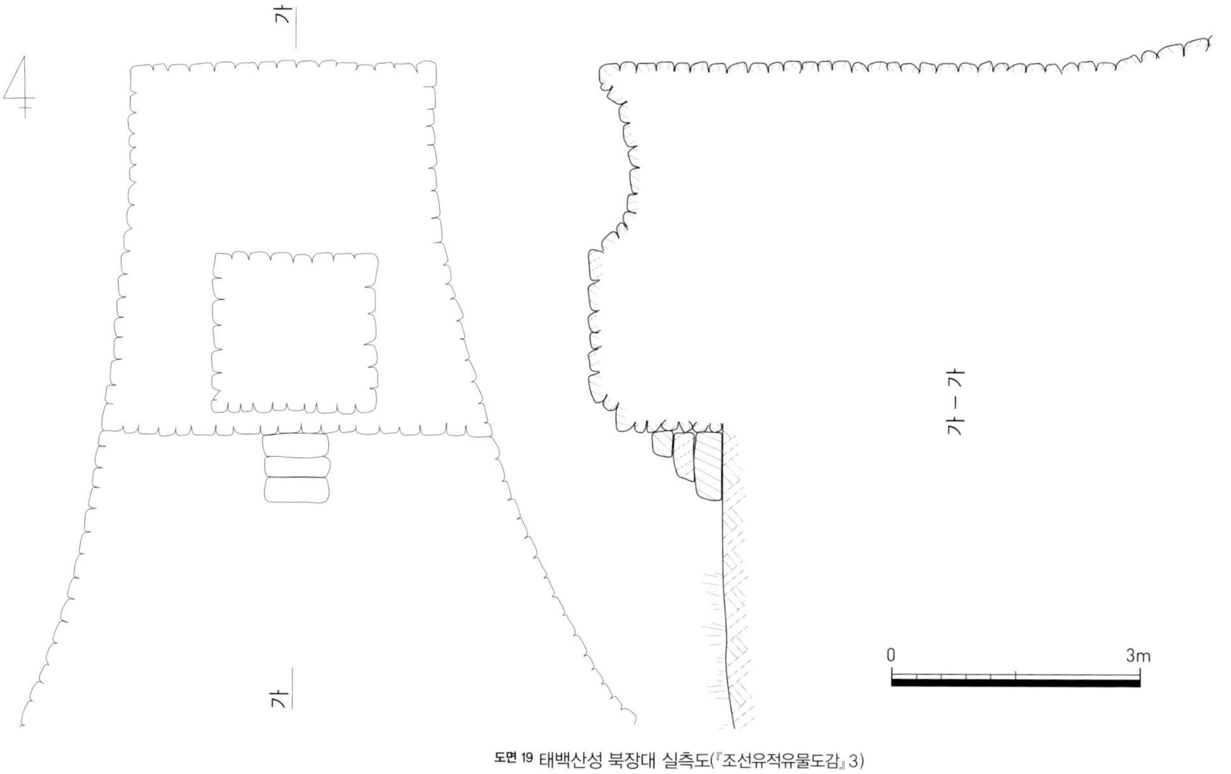

도면 19 태백산성 북장대 실측도(『조선유적유물도감』3)

9 사회과학원 고고학연구소(2009), 『조선고고학총서』 28(중세편, 고구려의 성곽) ; 조선유적유물도감편찬위원회(1990), 『조선유적유물도감』3, 외국문종합출판사 ; 채희국(1965), 「태백산성답사기」, 『고고민속』2.

사진 7-1 태백산성 및 동문루 표식비

사진 7-2 태백산성 해설문

사진 7-3 태백산성 동문

사진 7-4 태백산성 동문 문길

사진 7-5 태백산성 동문 무지개문길 축조 상태(안쪽 면)

사진 7-6 태백산성 동벽 북쪽 부분 전경

사진 7-7 태백산성 동벽 북쪽 부분 축조 상태

사진 7-8 태백산성 북벽 동쪽 부분 전경

사진 7-9 태백산성 북벽 동쪽 부분 축조 상태

사진 7-10 태백산성 북벽 동쪽 부분 치

사진 7-11 태백산성 북문 동벽

사진 7-12 태백산성 북벽 서벽

사진 7-13 태백산성 북벽 중간 부분

사진 7-14 태백산성 북벽 중간 부분 축조 상태

사진 7-15 태백산성 서벽 북쪽 부분 축조 상태

사진 7-16 태백산성 서벽 북쪽 부분 축조 상태

사진 7-17 태백산성 서벽 북쪽 부분 장대(정면)

사진 7-18 태백산성 서벽 북쪽 부분 치

사진 7-19 태백산성 서벽 중간 부분

사진 7-20 태백산성 서벽 중간 부분 치 축조 상태

사진 7-21 태백산성 서문

사진 7-22 태백산성 서문 표식비

사진 7-23 태백산성 서문 무지개문길(바깥 면)

사진 7-24 태백산성 서문 문길 남쪽 부분 축조 상태(바깥 면)

사진 7-25 태백산성 서문 문길 남쪽 부분 축조 상태(안쪽 면)

사진 7-26 태백산성 서문 무지개문길 축조 상태(안쪽 면)

사진 7-27 태백산성 서문 무지개문길 글자 새긴 돌

사진 7-28 태백산성 서문 남쪽 벽 문확돌

사진 7-29 태백산성 서문 남쪽 벽 빗장구멍

사진 7-30 태백산성 서문 북쪽 벽 문확돌

사진 7-31 태백산성 서문 북쪽 벽 빗장구멍

사진 7-32 태백산성 서벽 남쪽 부분

사진 7-33 태백산성 서벽 남쪽 부분 축조 상태

사진 7-34 태백산성 남벽 서쪽 부분

사진 7-35 태백산성 남벽 서쪽 부분 축조 상태

사진 7-36 태백산성 남벽 중간 부분

사진 7-37 태백산성 남문터

사진 7-38 태백산성 남벽 중간 부분(남문 동쪽)

사진 7-39 태백산성 동문 남쪽 부분 성벽 전경

사진 7-40 태백산성 동문 남쪽 부분 성벽

사진 7-41 태백산성 동벽 수구문

사진 7-42 태백산성 건물터 축대

사진 7-43 태백산성 건물터 축대의 수구문

사진 7-44 태백산성 건물터 축대 벽체의 사각구멍

8

대현산성

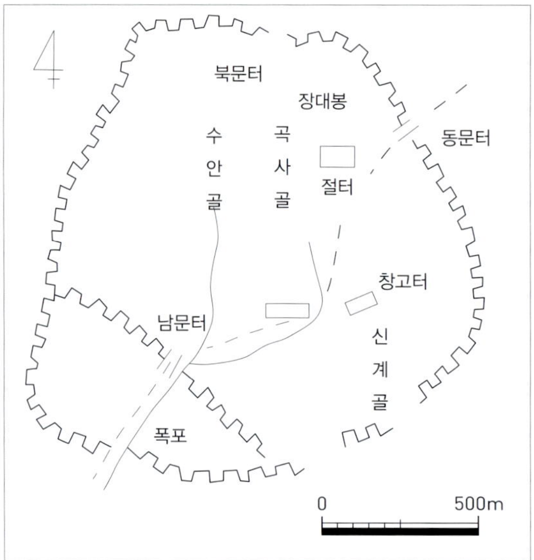

지도 8 대현산성

대현산성은 황해북도 서흥군 고성리 신막의 북쪽 8km 지점에 있는 대현산에 있다. 대현산에는 해발 607m의 가장 높은 산봉우리를 중심으로 6개의 높고 낮은 봉우리들이 하늘을 찌를듯이 톱날처럼 솟아 있는데 그곳에 산성이 자리잡고 있다.

이 산성은 대현산의 5개 골짜기를 끼고 있기 때문에 일명 오곡성이라고도 불렀다. 산성은 고로봉형의 지형에 쌓은 석성인데 그 둘레의 길이는 약 7km이다. 『신증동국여지승람』에는 성의 둘레가 20,238척이라고 하였고 『서흥읍지』에는 3,880보로 되어 있는데 대체로 비슷하게 맞는다.[지도 8]

제일 낮은 지대에 놓인 남쪽 성벽은 대현골 어귀에서 깊숙이 들어가 대현폭포 윗부분에서 골안을 가로질러 쌓았다.

성벽의 대부분은 외면 축조방법으로 쌓았고 필요한 부분에서만 양면 축조방법으로 쌓았다. 성문은 남, 동, 북문 모두 세 개다. 남문터는 대현폭포 서쪽 비탈에 있는데 이 성의 기본 정문으로 교통과 방어에 유리한 곳이다. 남문터 앞쪽에는 겹성벽을 쌓았다. 남문의 너비는 2.5m인데 문 양쪽에는 축대로 된 성벽이 높이 솟아 있고 문 안에는 성문에 사용되었던 문확돌이 양쪽에 놓여있다. 남문 안에 들어서면 성 안이 한눈에 보인다.

대현산성에서 수구문은 따로 없지만 남문터 동쪽에 있는 높이가 약 70m인 대현폭포가 자연수구문으로 이용되었다. 성의 동, 서, 남, 북에는 각각 장대터가 있다. 그 중 북장대는 제일 높고 전망도 가장 좋다.

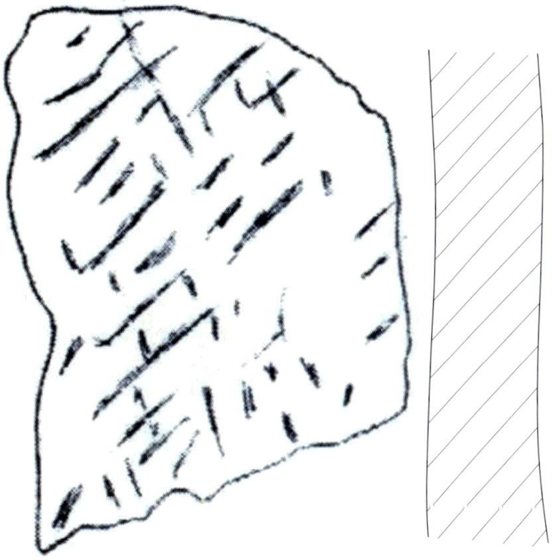

도면 20 대현산성 남문터에서 나온 붉은기와무늬 탁본(『조선고고학총서』28, 고구려의 성곽)

남문 부근에는 수많은 기와 조각들이 드러났다. 회색과 붉은색 기와가 있다. 붉은기와는 안에는 베천무늬가 있고 밖에는 능형의 격자무늬가 있다.

대현산성의 남문 앞 평지에는 30~40m 구간을 두고 돌각담으로 쌓은 정방형의 구획이 있는데 지금은 이 한 구간이 하나의 밭으로 되어 있다. 이 밭의 표면에는 수많은 기와 조각들이 깔려 있는데 그 중에는 후세의 기와 조각들이 대부분이나 간혹 산성 남문터에서 드러난 것과 같은 고구려시기의 붉은 기와 조각들도 보인다.도면 20

성 안에는 여러 곳의 집터와 연못 등이 있으며 수원이 풍부하다.

이 산성의 주변 산기슭과 구릉지대에는 고구려시기의 무덤들이 분포하고 있다.

대현산성은 고구려시기 산성의 축조방법과 산성 방어 체계를 연구하는 데 가치 있는 자료를 제공해 준다.[10]

10 사회과학원 고고학연구소(2009), 『조선고고학총서』 28(중세편, 고구려의 성곽) ; 조선유적유물도감편찬위원회(1990), 『조선유적유물도감』 3, 외국문종합출판사.

사진 8-1 대현산성 전경

사진 8-2 대현산성 북벽 중간 부분

사진 8-3 대현산성 북벽 중간 부분 축조 상태

사진 8-4 대현산성 북벽 중간 부분 치(동→서)

사진 8-5 대현산성 동벽 남쪽 부분 축조 상태

사진 8-6 대현산성 서벽 북쪽 부분 축조 상태

사진 8-7 대현산성 서벽 중간 부분

사진 8-8 대현산성 서벽 중간 부분 축조 상태

사진 8-9 대현산성 서벽 남쪽 부분

사진 8-10 대현산성 서벽 남쪽 부분 축조 상태

사진 8-11 대현산성 남벽 서쪽 부분

사진 8-12 대현산성 남벽 서쪽 부분 축조 상태

사진 8-13 대현산성 남문 안쪽 면 서쪽 부분 축조 상태

사진 8-14 대현산성 남문 서쪽 벽 축조 상태

사진 8-15 대현산성 남문 부분 폭포

사진 8-16 대현산성 남벽 동쪽 부분

사진 8-17 대현산성 남벽 동쪽 부분 축조 상태

사진 8-18 대현산성 서벽 중간 부분

9

휴류산성

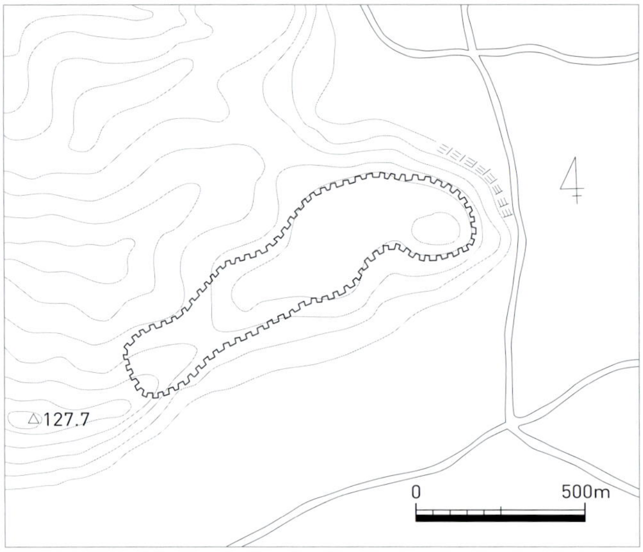

지도 9 휴류산성

휴류산성은 황해북도 봉산군 마산리의 휴류산에 있다. 둘레가 약 2.9km 되는 석성으로 고구려 시기 휴암군의 방위성이었다. 지도 9

지금은 성이 잘 남아 있지 않다. 휴류산성 안에는 고구려시기의 유적이 있었으며 또 주변에 고구려 무덤들이 많다. 휴류산성은 고구려가 수도 남쪽 방위를 위하여 쌓은 성이다. 평양의 남쪽에서 중요한 방어선으로 이용된 것은 정방산 줄기였는데, 그 남쪽에 있는 휴류산성은 이 방어선의 관문이었다. 정방산 줄기는 험한 산줄기가 동쪽의 산악지대에서 서쪽의 예성강까지 뻗어내려 대동강 하류지역을 남쪽에서 병풍을 세운듯이 막아주고 있다. 이 산줄기를 넘나드는 데 편리한 통로는 봉산-황주로 이어지는 길이다. 따라서 휴류산성은 평양의 남쪽 관문 역할을 하였다.[11]

11 사회과학원 고고학연구소(2009), 『조선고고학총서』 28(중세편, 고구려의 성곽)

사진 9-1 휴류산성 성터1

사진 9-2 휴류산성 성터2

사진 9-3 휴류산성 성터3

사진 9-4 휴류산성 성벽 축조 상태

사진 9-5 휴류산성 성돌

10

수양산성

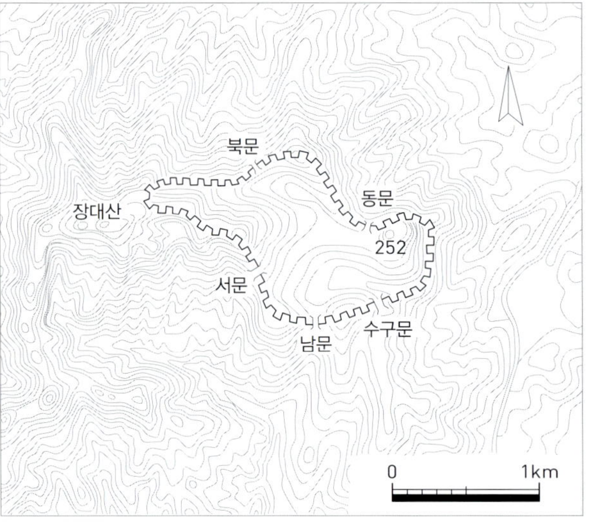

지도 10 수양산성

수양산성은 황해남도 해주시 수양산에 있다. 이 성은 원래 지성산성이라고 불려왔고 예로부터 황해도의 세 개 산성 중 하나로 알려져왔다. 성의 북쪽에는 멸악산 줄기의 가장 높은 봉우리들이 솟아 있고 동남쪽에는 연백벌과 해주만이 한눈에 안겨오는 좋은 위치에 자리잡고 있다. 수양산성은 동, 남, 북쪽이 높고 서쪽은 낮으며 두 개의 깊은 골짜기와 넓은 공지를 가지고 있는 전형적인 고로봉형의 지형이다. 이 성은 북쪽에 높이 솟은 장대봉을 중심으로 높고 낮은 봉우리들을 연결한 둘레 약 8.02km의 큰 산성이다. 지도 10

성벽은 지형지물을 잘 이용하여 대부분 바위 위에 쌓았다. 성벽의 높이는 보통 6~7m, 밑너비 7~8m, 윗너비 3~4m이며 남문 부근의 성벽의 두께는 14m이다. 고구려 때 성벽은 얼마 남지 않았고 대부분은 후세에 고쳐 쌓은 것이다. 이 성은 거의 전 구간을 양면 쌓기방법으로 축조하였다. 성벽은 굽도리 부분을 큰 돌로 쌓고 위로 올라가면서 납작납작하게 다듬은 작은 돌을 수직으로 쌓았다. 성가퀴는 높이 1.2m의 평가퀴인데 대체로 1.5m 간격으로 타구를 냈다. 성가퀴에는 쏘는 구멍도 있다. 성벽 위에는 눈썹돌을 얹었다. 도면 21

수양산성에는 14개의 크고 작은 치를 설치하여 방어력을 강화하였다. 장대도 여러 곳에 설치하였다. 그 중 장대산의 장대는 다른 장대들도 굽어보여 전투 지휘상 매우 편리한 곳에 있다.

수양산성에는 장대봉과 잇닿은 좁은 능선을 확보하기 위하여 장대봉 중턱에서부터 북쪽으로 약 30m의 철성을 쌓았다. 성문은 동, 서, 남, 북쪽에 각각 있다. 북문을 제외한 모든 성문에는 옹성을 쌓았다. 남문의 옹성은 'ㄱ' 자형이며 동문의 옹성은 한쪽 면을 직각으로 불룩하게 내민 형이다. 장대봉의 동북쪽과 서쪽 골짜기에서 시작된 두 줄기의 시내물이 합쳐져서 연못을 이루고 다시 동쪽으로 흘러내리는데 여기 절벽과 잇닿은 곳에 수구문을 냈다. 바로 수구문 바깥에 100m의 깎아지른 듯한 절벽을 타고 수양폭포가 내리치고 있다. 그 밖에도 이 성에는 많은 집터들이 있다.[12]

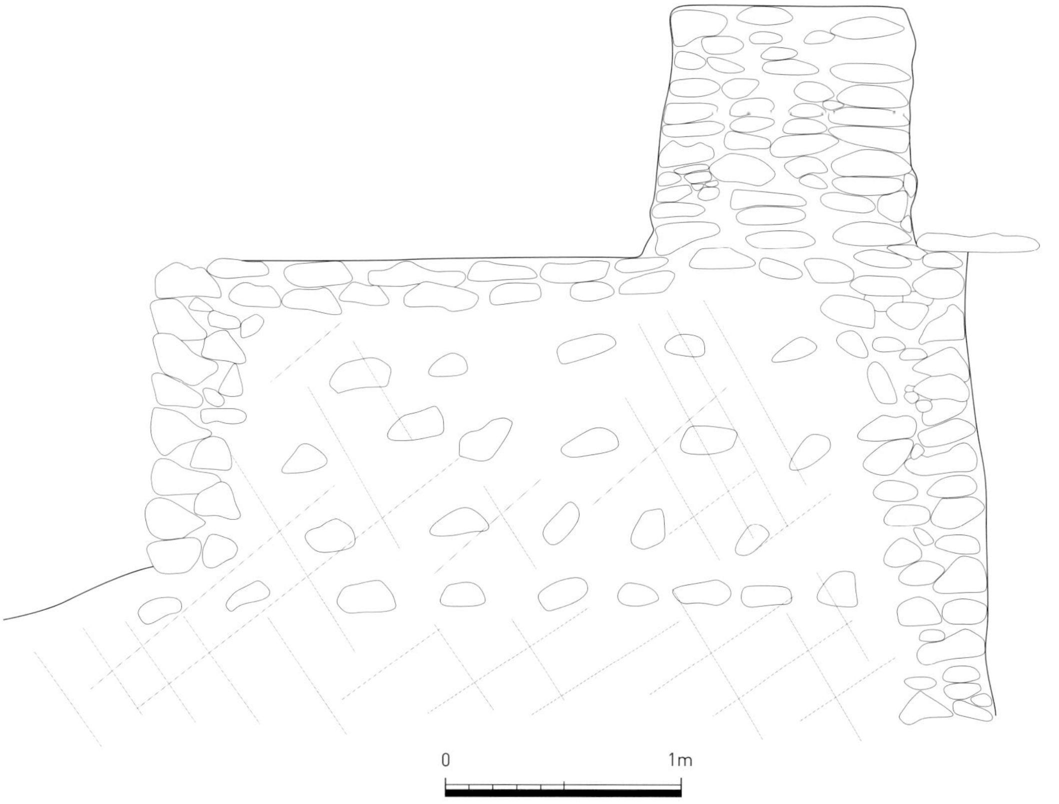

도면 21 수양산성의 성가퀴 실측도(「조선고고학총서」 28, 고구려의 성곽)

12 사회과학원 고고학연구소(2009), 『조선고고학총서』 28(중세편, 고구려의 성곽) ; 조선유적유물도감편찬위원회(1990), 『조선유적유물도감』 3, 외국문종합출판사 ; 문화보존연구소(1983), 『우리 나라 력사유적』, 과학백과사전출판사.

사진 10-1 수양산성 표식비와 해설문

사진 10-2 수양산성 표식비

사진 10-3 수양산성 해설문

사진 10-4 수양산성 남문 전경(남→북)

사진 10-5 수양산성 남문 전경(서→동)

사진 10-6 수양산성 남문 옹성

사진 10-7 수양산성 남문 바깥 면(남→북)

사진 10-8 수양산성 남문 동벽 문확터

사진 10-9 수양산성 남문 서벽 문확터

사진 10-10 수양산성 남벽 서쪽 부분

사진 10-11 수양산성 남벽 서쪽 부분(윗면)

사진 10-12 수양산성 남벽 서쪽 부분(바깥 면)

사진 10-13 수양산성 남벽 서쪽 부분(안쪽 면)

사진 10-14 수양산성 남벽 서쪽 부분 치

사진 10-15 수양산성 남벽 동쪽 부분 축조 상태

사진 10-16 수양산성 남벽 동쪽 부분 윗면 축조 상태

사진 10-17 수양산성 남벽 동쪽 부분 치

사진 10-18 수양산성 서벽 남쪽 부분

사진 10-19 수양산성 서벽 남쪽 부분 축조 상태(안쪽 면)

사진 10-20 수양산성 서벽 남쪽 부분 축조 상태(바깥 면)

사진 10-21 수양산성 서벽 남쪽 부분 치

사진 10-22 수양산성 서벽 중간 부분

사진 10-23 수양산성 서벽 중간 부분 축조 상태(바깥 면)

사진 10-24 수양산성 서벽 북쪽 부분

사진 10-25 수양산성 서벽 북쪽 부분 안쪽 면 축조 상태

사진 10-26 수양산성 서벽 북쪽 부분 성돌

사진 10-27 수양산성 서벽 북쪽 부분 장대 북쪽 면 축조 상태

사진 10-28 수양산성 서벽 북쪽 부분 바깥 면 축조 상태

사진 10-29 수양산성 서벽 북쪽 부분 치

사진 10-30 수양산성 동벽 남쪽 부분

사진 10-31 수양산성 동벽 남쪽 부분 축조 상태

사진 10-32 수양산성 동벽 남쪽 부분 치 벽체 축조 상태

사진 10-33 수양산성 동문(동→서)

사진 10-34 수양산성 동문 미식문길 축조 상태

사진 10-35 수양산성 동벽 중간 부분

사진 10-36 수양산성 동벽 성가퀴

사진 10-37 수양산성 동벽 치